समर्थ गुरु

रामदास

समर्थ गुरु रामदास

एम.आई. राजस्वी

प्रभात
पेपरबैक्स
www.prabhatbooks.com

प्रकाशक

प्रभात पेपरबैक्स

4/19 आसफ अली रोड, नई दिल्ली–110002

फोन : 23289555 • 23289666 • 23289777 ❖ फैक्स : 23253233

इ–मेल : prabhatbooks@gmail.com ❖ वेब ठिकाना : www.prabhatbooks.com

संस्करण

प्रथम, 2016

मूल्य

एक सौ पच्चीस रुपए

अ.मा.पु.स. 978-93-5186-771-5

मुद्रक

आर–टेक ऑफसेट प्रिंटर्स, दिल्ली

———— ★ ————

SAMARTH GURU RAMDAS

biography by M.I. Rajasvi

Published by **PRABHAT PAPERBACKS**

4/19 Asaf Ali Road, New Delhi-110002

ISBN 978-93-5186-771-5

₹ 125.00

दो शब्द

भारत के सकल समाज के उद्धार में समर्थ गुरु रामदास का महत्त्वपूर्ण योगदान है। यह वह समय था, जब भारत का अधिकांश भाग मुगलों और अन्य मुसलिम शासकों के अधिकार में था और भारतीय राजा-महाराजा अपनी शक्ति संगठित करने में लगे थे। अपने देश और समाज की दयनीय दशा का आभास समर्थ रामदास को अल्पायु में ही हो गया था। देश और समाज का उद्धार करने के लिए वे छोटी सी अवस्था में ही गृह त्यागकर संन्यासी हो गए थे। उन्होंने तभी यह दृढ़ निश्चय कर लिया था कि वे भारतवर्ष में स्वदेशी साम्राज्य की स्थापना हेतु कार्य करेंगे। उनकी इस विचारधारा को तब और बल मिला, जब उन्होंने प्रत्यक्ष रूप में देश की निरीह और असहाय जनता को अत्याचारों एवं शोषण का शिकार होते देखा।

समर्थ गुरु ने युवावस्था में ही ख्याति अर्जित कर ली थी। एक बार जब वे ध्यानावस्था में थे तो एक गाँव के लोग किसी मृत व्यक्ति का शव लिए श्मशान की ओर जा रहे थे। तभी मृतक की पत्नी ने उन्हें देखा तो उसने उन्हें दंडवत् प्रणाम किया। समर्थ गुरु ने आँखें बंद किए ही उस स्त्री को पुत्र-प्राप्ति का आशीर्वाद दिया। इस पर वह स्त्री आश्चर्यचकित हो उठी और उसने बताया कि यह असंभव है, क्योंकि उसके पति की मृत्यु हो चुकी है। समर्थ गुरु जब उस स्त्री के मृत पति के निकट गए और उसकी नब्ज पर हाथ रखा तो जैसे चमत्कार हो गया। अचानक उस व्यक्ति की शिराओं में रक्त का प्रवाह होने लगा। धीरे-धीरे उसका श्वास चलने लगा। समर्थ गुरु ने लोगों

को उस अर्द्ध-चैतन्य व्यक्ति को वैद्य के पास ले जाने की सलाह दी। समर्थ गुरु के आशीर्वाद के फलस्वरूप उस स्त्री की अनेक संतानें भी हुईं। इसके अलावा भी उन्होंने अनेक चामत्कारिक कार्य किए।

लंबे समय के बाद समर्थ गुरु की भेंट छत्रपति शिवाजी से हुई। दोनों ने मिलकर स्वराज की स्थापना का बीड़ा उठाया, जिसमें वे सफल रहे। समर्थ गुरु के मार्गदर्शन एवं निर्देशन में छत्रपति शिवाजी मराठा साम्राज्य की स्थापना एवं उसकी नींव मजबूत करने में सफल रहे। गुरु रामदास ने ऐसे अनेक असमर्थ कार्य किए, जिन्हें संपन्न करने के कारण उन्हें 'समर्थ गुरु' कहा गया।

प्रस्तुत पुस्तक 'समर्थ गुरु रामदास' भारतीय जन-समुदाय को समर्पित करते हुए मुझे अपार हर्ष हो रहा है। यद्यपि इस पुस्तक को गहन अध्ययन-मनन के पश्चात् आपके समकक्ष प्रस्तुत किया जा रहा है, तथापि महान् आत्मा समर्थ रामदास की संपूर्ण गाथा को पुस्तकबद्ध करना मेरे लिए सरल कार्य नहीं था। इसमें कुछेक त्रुटियों का रह जाना भी संभव है। आपसे अनुरोध है कि त्रुटियों का त्याग करते हुए शुभ एवं कल्याण भावना से आप इस पुस्तक को पढ़ेंगे तो निश्चय ही यह प्रेरणादायक सिद्ध होगी।

—एम.आई. राजस्वी

अनुक्रम

तत्कालीन भारत

पंद्रहवीं शताब्दी में जब मुगल बादशाह शासक हिंदुस्तान आया तो उसने यहाँ पर मुगल साम्राज्य स्थापित करने की अनुकूल परिस्थितियाँ देखीं। तत्कालीन भारतीय राजसत्तात्मक शासन-प्रणाली में कहीं भी कोई ऐसी विशेष चुनौती नहीं थी, जो उन परिस्थितियों का लाभ उठाने को इच्छुक बाबर के सामने आती। अनेक रियासतों में बँटा भारत राजपूतों की पारस्परिक फूट और वैमनस्यता के कारण अपनी धमक खो रहा था। भारत के जिन वीरों की वीरता को विश्व-विजेता सिकंदर, सेल्यूकस, तैमूर लंग और अन्य अनेक बाहरी शासकों ने सलाम किया था, वे अब संभवतः नहीं रहे थे। आज भारत की दुर्दशा राजपूत राजाओं की स्व-प्रभुत्व महत्त्वाकांक्षा, ईर्ष्या और अहंकार के कारण निम्न-से-निम्नतम होती जा रही थी। दूरदर्शी बाबर एक कुशल शासक था। उसने शीघ्र ही मुगल साम्राज्य की नींव जमा दी।

बाबर के उत्तराधिकारी हुमायूँ ने जब मुगल सल्तनत का सिंहासन सँभाला तो मुगल साम्राज्य काफी परिपक्व और विस्तृत हो चला था। यद्यपि प्रत्येक कालखंड में भारत की भूमि पर ऐसे शूरवीर पैदा हुए हैं, जिन्होंने पराधीनता को स्वीकार करने की अपेक्षा प्राण गँवा देना उचित समझा। मेवाड़ और चित्तौड़ की हिंदूशाही उन्हीं में से थी। हुमायूँ ने यत्न और बलपूर्वक बहुत प्रयास किए, किंतु सब विफल रहे। ऐसी रियासतों ने मुगलों की अधीनता स्वीकार नहीं की। इन विफलताओं के कुछ कारण थे, जिन पर चिंतन किया था हुमायूँ के बेटे और मुगलिया खानदान के सबसे प्रसिद्ध शासक अकबर

ने। वह जान गया था कि भारत पर निष्कंटक शासन बिना राजपूत राजाओं के सहयोग के संभव नहीं होगा।

अकबर ने राजपूत राजाओं से सहयोग और संबंधों की नींव रखी और अपने साम्राज्य में राजपूत राजाओं को भरपूर सम्मान दिया। अपने उद्देश्य में वह काफी हद तक सफल भी रहा। यद्यपि मेवाड़ के महाराणा प्रताप का विरोध उसे फिर भी सहना पड़ा और उसका सैन्य, बुद्धि तथा अन्य कोई भी बल महाराणा प्रताप को झुका न सका। महाराणा प्रताप ने जीवन भर स्वाधीनता के संघर्ष की मशाल जलाए रखी।

अकबर के पश्चात् शाहजहाँ भी ऐसा ही मुगल शासक रहा, जिसने हिंदू-मुसलिम एकता के प्रयासों के साथ शासन किया और सफल रहा। अब तक मुगल शासक हिंदुस्तान की आबोहवा में रच-बस गए थे। वे यहाँ सफलतापूर्वक शासन की सभी नीतियों से परिचित हो गए थे। बादशाह जहाँगीर ने न्याय-प्रणाली को सुदृढ़ किया और हिंदुस्तान में अपनी धाक जमाई। हिंदुस्तान की प्रजा ने भी अब मुगल सल्तनत को स्वीकार कर लिया था और छिटपुट विरोधों के अलावा शांति बनी रही।

इन मुगल शासकों ने यद्यपि कूटनीति का सहारा लेते हुए हिंदू राजाओं के आपसी वैमनस्य का पूरा लाभ उठाया था। उत्तर भारत का लगभग संपूर्ण भाग मुगल शासन के अधीन था। मुगल शासकों ने भारत पर शासन करते हुए इसे पूर्णतः मुगलिया रूप देने के प्रयास किए। उन्होंने भारतवासियों के सामाजिक, आर्थिक और राजनीतिक जीवन को बहुत अधिक प्रभावित किया। मुगल शासकों ने भारत की धार्मिक शक्ति के महत्त्व को भी जान लिया था। उन्होंने बल और कूटनीति का सहारा लेकर धर्म को अस्त्र के रूप में प्रयोग करते हुए अपने साम्राज्य का भरपूर विस्तार किया। इससे सनातन धर्मप्रियों को अपना धर्म संकट में पड़ता प्रतीत होने लगा। दक्षिण भारत में यह संकट कुछ अधिक ही उग्र रूप ले रहा था।

दक्षिण भारत की स्थिति पर भी दृष्टिपात किया जाए तो तेरहवीं शताब्दी में अलाउद्दीन खिलजी ने देवगिरि के शक्तिशाली साम्राज्य को यादवों से

छीन लिया था। खिलजी की दृष्टि भारत के धन-वैभव पर गड़ी रही। उसने छल-बल और कूटनीति से अपनी सीमाओं का विस्तार किया। अंतत: उसके साथ भी विश्वासघात हुआ और उसके कुछ अपने सरदारों ने उससे विद्रोह करके दक्षिण भारत में खिलजी साम्राज्य के समानांतर बहमनी साम्राज्य की नींव डाली। दक्षिण भारत का साम्राज्य तीन प्रमुख भागों में बँट गया—अहमदनगर, बीजापुर और गोलकुंडा में तीन प्रमुख शासक थे, जो निजामशाह, आदिलशाह और कुतुबशाह के नाम से जाने जाते थे।

अकबर के समय तक उत्तर भारत में मुगल शासन का भरपूर विरोध रहा। उस समय तक मुगल उत्तर भारत में ही सिमटे रहे; लेकिन शाहजहाँ ने अपने समय तक सभी राजपूत राजाओं का साथ पा लिया था। दूरदर्शी नीति से काम लेते हुए उसने सभी राजाओं को उनकी रियासतों का स्वतंत्र भार सौंपकर उन सबको अपने दरबार में ऊँचे पदों पर नियुक्त कर दिया था। इस प्रकार राजपूती विरोध से बचकर शाहजहाँ ने वीर राजपूतों के द्वारा ही, जिनमें नागौर के राजा जसवंत सिंह और अमर सिंह राठौर मुख्य थे, निजामशाही को पूरी तरह तहस-नहस कर दिया।

इसके पश्चात् औरंगजेब का समय रहा। यह सोलहवीं शताब्दी का उत्तरार्द्ध था। उसने उत्तरी भारत के साथ-साथ दक्षिण भारत को भी अपने प्रभुत्व में ले लिया और आदिलशाही व कुतुबशाही को भी अपने अधीन कर लिया।

भारतीय हिंदुओं के प्रतिनिधि राजाओं में अब मुगल सल्तनत का प्रभाव पूरी तरह हावी हो गया था। कोई भय से, कोई लालच से और कोई सत्ता-स्वार्थ से मुगलों की अधीनता स्वीकार कर रहे थे। कुछ तो अपनी नैतिकता से इतने गिर गए थे कि मुगल बादशाह को अपनी स्वामीभक्ति से खुश रखने के लिए अपने ही हिंदू भाइयों पर अत्याचार करने लगे थे। मुगलिया नीतियों ने आर्थिक स्तर पर मध्यम और निम्न वर्ग को निर्धनता के अंधे कुएँ में धकेल दिया था।

राजनीतिक दृष्टिकोण से भारत पूर्ण रूप से मुगल सल्तनत के अधीन था। सामाजिक दृष्टि में भी भारत की स्थिति अच्छी नहीं थी। वर्ण, जाति,

संप्रदाय आदि के नाम पर समाज का बहुखंडीय विभाजन हो गया था। धार्मिक कार्यों के सर्वेसर्वा ब्राह्मण भी इस समय प्रायः ब्राह्मणत्व का निर्वाह न करके मुसलिम अधिकारियों के यहाँ मुंशी आदि की नौकरी कर रहे थे। क्षत्रिय शूरवीर तो मुगल दरबार में सूबेदार, किलेदार, जागीरदार जैसे पदों को पाकर गौरव महसूस करते थे। कोई एकाध योद्धा यदि मुगल सल्तनत के विरुद्ध सिर भी उठाता तो मुगल शासकों के चाटुकार उसके ही भाईबंद उसका सिर कलम करके बादशाह के सामने पेश कर इनाम आदि के चक्कर में लगे रहते।

सबसे अधिक दयनीय स्थिति में तत्कालीन शूद्र वर्ग था। उसे न तो मुगलों से, न अपने उच्च वर्गों से कभी राहत मिली। उन पर चौतरफा अत्याचार होते थे। जितने भी सेवकीय कार्य थे, सब उन्हीं के जिम्मे थे। समाज में उन्हें सम्मान की बात तो दूर, हेय दृष्टि से देखा जाता था और अस्पृश्य व अछूत समझा जाता था। कहीं भी उनके प्रति अत्याचारों की कोई सुनवाई नहीं थी।

कृषि पर आधरित कृषक वर्ग भी शूद्रों से बेगार लेने में पीछे नहीं रहा, यद्यपि स्वयं कृषक वर्ग भी आर्थिक अभावों के चलते घोर निर्धन होकर दीन-हीन, पराधीन और अत्यंत रुग्ण हो गया था। कृषि वैसे भी इंद्र देवता पर निर्भर रहती थी। बहुत अधिक परिश्रम से गुजारे लायक अन्न पैदा कर पाना भी किसानों के लिए मुश्किल था, ऊपर से महसूल, लगान आदि के अतिरिक्त शासक वर्ग के अत्याचार किसान को भूखे मरने पर विवश कर देते थे। यह तो एक परंपरागत व्यवस्था की बहुत पुरानी नीति थी, जिससे कम ही सही, परंतु सबको खाना मिल जाता था। ग्रामीण व्यवस्था में श्रमिक वर्ग की सभी श्रेणियाँ एक-दूसरे की आवश्यकता के अनुसार एक-दूसरे से जुड़ी थीं। नाई को हजामत करने के बदले अन्न मिल जाता था, धोबी कपड़े धोकर आजीविका चलाता था। इस प्रकार आर्थिक दृष्टि से एक-दूसरे का अवलंबन बनी यह व्यवस्था कुछ हद तक लोगों को संतुष्टि देती प्रतीत होती थी।

इस दबे-कुचले समाज में शूद्रों से भी दयनीय स्थिति में स्त्री जाति थी, जिसका न उच्च वर्ग में कोई सम्मान था और न ही निम्न वर्ग में। हर वर्ग में

वह मात्र भोग्या थी। उसका न सम्मान सुरक्षित था और न उसे कोई अधिकार प्राप्त था। इसके अतिरिक्त, शील-हरण आदि की त्रासदी भी उससे जुड़ गई थी। जीने के लिए या तो भोग्या बने रहना या सम्मान के लिए आत्महत्या कर लेना ही उसके विकल्प थे। बाल-विवाह के साथ सती-प्रथा का भयानक दंश भी उन्हें सहना पड़ता था। कई प्रकरण तो ऐसे मिलते हैं कि बचपन में ही विधवा हो चुकी लड़कियों का जीवन नरक से भी बदतर कर दिया जाता था। सती न होने की स्थिति में उसे विधवा का मुंडन कराकर बलात् वैरागन बनाया जाता था।

धर्म के प्रचार-प्रसार में जिन साधु-संत समाज की सदैव से मुख्य भूमिका रही है, वे भी इन अत्याचारों के समक्ष नत होकर उदासीन धारा में बहकर सामाजिक कल्याण की अपेक्षा मोक्ष-प्राप्ति के संदेशों पर बल दे रहे थे। वे नश्वरता और निर्वाह को सिद्ध करने की दिशा में अग्रसर हो गए थे। धर्म को धारण करके दृढ़तापूर्वक अपना उत्थान करने की अपेक्षा विरक्ति को ही सर्वदुःखहारी कल्याणकारी कुंजी बता रहे थे। नश्वरवाद का यह आश्रय उनकी विवशता बन गया था।

ऐसा नहीं था कि भारतभूमि ने योद्धाओं को जन्म देना बंद कर दिया था। योद्धा तो तब भी ऐसे थे, जिनकी तलवारों के जौहर देख-देखकर मुगल शासक भी भयभीत रहते थे; परंतु ये तलवारें उनके आदेश पर उनके शत्रुओं पर चलती थीं। राजपूतों और मराठों की वीरता कभी भी मद्धिम नहीं रही, बस पराधीन हो गई थी। सबने अपने शौर्य का स्वामी मुगल शासकों को बनाया था। इतिहास कहता है कि शाहजहाँ को शाहेजहान बनाने में राठौर वंश के अतुल पराक्रम का योगदान रहा। अमर सिंह राठौर जैसा वीर योद्धा शाहजहाँ के दरबार में दूसरा नहीं था। आपसी मतभेदों और चाटुकारों के बहकावे में आकर शाहजहाँ ने जब अमर सिंह के राजपूती रक्त को ललकारा तो उस अकेले योद्धा ने आगरा के किले में 300 से अधिक मुगल सैनिकों की लाशें बिछा दी थीं। शाहजहाँ ने खुद उसे 'मौत का परकाला' संबोधित किया था। जब धोखे से अमर सिंह मारा गया तो शाहजहाँ फूट-फूटकर रोया था।

तात्पर्य यह है कि हिंदू राजाओं में शौर्य बल की कमी नहीं थी। वे केवल एकता की भावना से विमुख हो गए थे। इतिहास कहता है कि निजामशाही का बंदोबस्त मराठा सरदार शाहजी भोंसले के हाथों में था, जो वीर मराठों की बड़ी सेना के स्वामी थे। शाहजी भोंसले की शक्ति और सामर्थ्य ही थी, जिसने मुगल बादशाह और आदिलशाह के बीच निजामशाही का बँटवारा किया तो अपनी जागीर को अपने अधिकार में रखा था। किसी भी शाह ने उस पर आपत्ति नहीं उठाई थी। स्पष्ट था कि कोई भी जाँबाज मराठों से भिड़ने का साहस न कर सका था। अहमदनगर का निजाम शाहजी भोंसले की शक्ति का लोहा मानता था। उल्लेखनीय है कि इन वीरों की विवशता जो भी थी, मुगलों ने उसका पूरा लाभ उठाया।

कहा जा सकता है कि तत्कालीन भारत का मूल अस्तित्व संकट में था और लुप्त होने के कगार पर था। न तो किसी शूरवीर क्षत्रिय से, न वेदपाठी ब्राह्मण से और न किसी सर्व-संपन्न वैश्य से समाज के हित की कोई आशा बची थी।

भारतीय जनमानस जब स्वयं को अपनी रक्षा में विवश और धर्म की रक्षा में असमर्थ पाता है तो उसके अंतःकरण से उसी परम पुरुष परमात्मा के आवाहन की आवाज उठती है, जो नर और नारायण के रूप में अवतार लेकर धर्म की रक्षा करता है और मानव को जीवन का संदेश देता है। तत्कालीन समय में परिस्थितियाँ ऐसी ही प्रतिकूल हो गई थीं कि अब उन्हें भारतीय जनमानस के अनुकूल बनाने के लिए भगवान् को अवतरित होना ही अनिवार्य था। अधर्म और असुरक्षा की बढ़ती व्यापकता अब भगवान् के नर-नारायण रूप के तेज से ही नष्ट हो सकती थी। भगवान् ने भी इस आवश्यकता को समझा और नर के रूप में उन्होंने मराठा वंश में शाहजी भोंसले की वीरपत्नी जीजाबाई के गर्भ से शिवाजी के रूप में जन्म लिया, जिसने मुगल सल्तनत की ताकत को अपनी तलवार से तौला और उस अत्याचारी शासन की ईंट-ईंट हिलाकर रख दी। नारायण रूप में भगवान् ने ऋग्वेदी ब्राह्मण सूर्याजी पंत की पत्नी राणूबाई के गर्भ से जन्म लिया और समर्थ गुरु रामदास कहलाए।

उन्होंने अपनी नीतियों, संदेशों और योजनाओं से शिवाजी को सहयोग देकर तत्कालीन समाज में क्रांति का बिगुल फूँका और देशवासियों में स्वाधीनता की अखंड ज्योति जलाई। यह एक प्रकार से महाभारतकालीन कृष्ण और अर्जुन की जोड़ी थी। नर और नारायण का अवतार था, जिसने इतनी विषम परिस्थितियों में मानवता को आलंब दिया, जब सब आशाएँ क्षीण हो चुकी थीं। समर्थ गुरु रामदास ने छत्रपति शिवाजी का वैचारिक सारथि बनकर उनकी चतुर्दिक सफलता के सभी मार्ग प्रशस्त किए। दबे-कुचले समाज को जाग्रत् किया, लोगों के सो चुके साहस को जगाया। धर्मयुद्ध के लिए विशाल जनसमूह तैयार किया। वे संन्यासी थे, परंतु योद्धा की भाँति अधर्म के विरुद्ध डटकर खड़े हुए।

□

जन्म और बाल्यकाल

मराठों की वीरभूमि महाराष्ट्र में जांब नामक एक गाँव है। इसी गाँव में ऋग्वेदी ब्राह्मण सूर्याजी पंत अपनी पत्नी राणूबाई के साथ सुखपूर्वक रहते थे। जमदग्नि गोत्रवंशी सूर्याजी पंत पूर्णतः धार्मिक विचारोंवाले सज्जन भगवद्भक्त ब्राह्मण थे, जो सूर्य भगवान् के उपासक थे। सूर्योपासना इस कुल में सदैव से होती रही थी। मर्यादा पुरुषोत्तम श्रीराम इनके पारंपरिक आराध्य थे।

सूर्याजी पंत की पत्नी राणूबाई भी सुशील और धार्मिक विचारों की महिला थीं। सूर्याजी पंत का अपने गाँव और आसपास के गाँवों में बहुत सम्मान था। आर्थिक, सामाजिक और धार्मिक दृष्टि से सूर्याजी पंत सर्व-संपन्न और सुखी थे, परंतु विवाह के बारह वर्ष बाद भी उनके कोई संतान न होने का कष्ट उन्हें सताता था। मुगल शासन में 'कुलकर्णी' (आधुनिक पटवारी) के पद पर नियुक्त सूर्याजी पंत भगवान् में पूर्ण आस्था रखते थे, इसलिए संतान को भी वे ईश्वर की इच्छा का उपहार समझते थे। गाँव के प्रमुख व्यक्ति होने के साथ सूर्याजी पंत में भाईचारा और आपसी सद्भाव की भी कमी नहीं थी। वे अपने सामर्थ्य के अनुसार सबकी सहायता के लिए सदैव तत्पर रहते थे। कभी किसी किसान के पास लगान आदि नहीं होता था तो सूर्याजी पंत अपने पास से उसका लगान भरकर उसकी सहायता कर देते थे। ऐसे परमार्थी और धार्मिक व्यक्ति पर ईश्वर की कृपा अवश्य होती है।

सन् 1605 मार्गशीर्ष शुद्ध त्रयोदशी के दिन सूर्याजी पंत के घर के सूने आँगन में एक शिशु ने जन्म लिया। उनके घर में मानो खुशियों की बहार आ

गई। सारा गाँव सूर्याजी पंत को पिता बनने की बधाई देने आ रहा था। सभी ग्रामवासी अपने माननीय पंतजी के लिए सदैव भगवान् से प्रार्थना करते रहते थे और यह संभवत: उन्हीं प्रार्थनाओं का सुफल था। शिशु का नामकरण बड़ी धूमधाम से हुआ। सभी गाँववालों को सूर्याजी पंत ने भोजन कराया। इस आयोजन में कई अधिकारी भी आए। उन्होंने शिशु को गोद में लेकर आशीर्वाद दिया। योग्य ब्राह्मणों ने ग्रह-नक्षत्र आदि का आकलन कर शिशु का नाम 'गंगाधर' रखा। अब सूर्याजी पंत की श्रद्धा व आस्था और बढ़ गई थी।

सूर्याजी पंत गाँव भर में धार्मिक उत्सवों के प्रति लोगों में रुचि जगाते रहते थे और रामनवमी पर तो बड़ी धूमधाम से उत्सव मनाते थे। अपने नियम और कर्तव्यों का पूर्ण पालन करते हुए सूर्याजी पंत प्रतिदिन 1,000 सूर्य नमस्कारों का व्यायाम करते थे।

भगवान् ने उनकी आस्था, श्रद्धा और निष्काम भक्ति से प्रसन्न होकर उनके जीवन में और भी खुशी प्रदान की। वह चैत्र शुद्ध नवमी (रामनवमी) सन् 1608 का दिन था। दोपहर के लगभग बारह बजे राणूबाई के गर्भ से एक दिव्यात्मा ने जन्म लिया। इस सुखद अवसर पर परिवारजनों के मन में प्रसन्नता की लहर दौड़ गई। ढाई वर्षीय गंगाधर तो बहुत ही प्रसन्न था और अपने नन्हे भाई को देख-देखकर प्रसन्नता से दमक रहा था। सूर्याजी पंत भी अपार हर्ष का अनुभव करते हुए भगवान् का बारंबार धन्यवाद कर रहे थे।

शिशु का नामकरण संस्कार हुआ और उसका नाम 'नारायण' रखा गया। शैशवावस्था में गोल-मटोल नारायण सबका मन मोह लेता था। नर्म रुई के फाहों जैसे उस शिशु के गाल छूने को सबका मन मचलता था। ऐसा सुंदर शिशु सभी का स्नेह पात्र होता है। गाँव भर में नारायण को खिलानेवालों की कोई कमी न थी। अपनी माता के पास तो वह सोने और दुग्धपान करने ही आता था, अन्यथा सारा दिन बाहर ही खेलता रहता था। शिशु जब बड़ा होकर घुटनों के बल चलने लगा तो घर के आँगन में राणूबाई को अपना प्यारा बेटा बाल-कृष्ण की भाँति लगता था। कुछ समय पश्चात् वह अपनी तोतली भाषा में बातें भी करने लगा और शरारतें भी करने लगा। उसकी

नटखट चंचलता और बाल-सुलभ शरारतें सबको अत्यधिक प्रिय थीं। एक प्रकार से वह गोकुल के कृष्ण की भाँति जांब का कृष्ण बन गया था।

शारीरिक विकास की प्रक्रिया में भी नारायण ने अन्य शिशुओं की अपेक्षा शीघ्रता ही की। वह दसवें माह में अपने पैरों पर चलने लगा था। भय से तो वह कभी परिचित ही नहीं हुआ। अकेला ही जिधर मन किया, चल पड़ता। माता राणूबाई को अधिक भय रहता कि उसका लाल कहीं गिर न जाए, चोट न खा जाए। इसलिए वे यदा-कदा नारायण को अँधेरे, चोर, हौवा आदि का भय दिखातीं; परंतु नारायण कदापि भयभीत न होता। माता राणूबाई अपने प्यारे लाल को नहला-धुलाकर, अच्छे वस्त्र पहनाकर गहनों से सजाकर रखती थी। एक दिन नारायण शाम का धुँधलका होने पर घर से बाहर खेलने चला गया और काफी देर में लौटा।

माता राणूबाई चिंतित मुद्रा में दरवाजे पर खड़ी थीं। जैसे ही नारायण आता दिखाई पड़ा, उन्होंने झपटकर उसे गोद में उठा लिया।

''बेटा, तू कहाँ चला गया था?'' माता ने उसे दुलारा।

''मैं खेलने गया था।''

''बेटा, तू अँधेरे में मत जाया कर। अँधेरे में हौवा आता है। वह छोटे बच्चों को पकड़कर ले जाता है।''

''मैं उससे नहीं डरता। मैं तो उसे मार-मारकर भगा दूँगा।''

''अच्छा, इतना बहादुर है तू।'' माता हँस पड़ी, ''परंतु बेटा, तू चोरों को नहीं जानता। वे गहनों के लिए तुझे पकड़ लेंगे और तेरे सब गहने छीन लेंगे। तू विरोध करेगा तो जोर से पिटाई करेंगे।''

''क्यों पिटाई करेंगे? मैं गहने उतारकर दे दूँगा, फिर क्यों पीटेंगे!''

''गहने उतारकर दे देगा, परंतु बाहर जाना नहीं छोड़ेगा?'' माता असहाय स्वर में बोलीं।

''किसी भय से तो नहीं छोड़ूँगा। भैया भी तो बाहर खेलते हैं। पिताजी भी तो बाहर जाते हैं।''

''बेटा, वे बड़े हैं। तू अभी छोटा है।''

"फिर भी, मैं किसी से नहीं डरता। मैं बाहर अवश्य जाऊँगा।"

माता अपने पुत्र के निर्भय होने पर मन-ही-मन प्रसन्न थीं।

इस प्रकार बचपन में ही नारायण ने भय को त्याज्य बताकर अपना प्रमुख संदेश दे दिया था। अपने माता-पिता, बंधु-बांधव सबको प्रसन्न करता नारायण शुक्ल पक्ष के चंद्रमा की भाँति बढ़ रहा था। जैसे-जैसे उसकी आयु बढ़ती जा रही थी, वैसे-वैसे उसकी बुद्धि का विकास हो रहा था। नित नई शरारतपूर्ण योजनाएँ बनाकर वह अपने मित्रों के साथ हुड़दंग करता रहता। इतने पर भी वह इतना ध्यान अवश्य रखता कि उसकी शरारतों से किसी का अहित न हो पाए। मात्र मनोरंजन हेतु ही बाल-सुलभ क्रीड़ाओं की सीमा को वह भलीभाँति समझता था। यदि कोई मित्र ऐसी शरारती योजना बनाता, जिससे किसी का अहित होने की संभावना होती तो नारायण तत्काल उसका विरोध करके अपने मित्रों को समझाता कि खेल मानसिक संतुष्टि का साधन है, शारीरिक विकास की अनिवार्यता है। इसे इस प्रकार खेलना चाहिए, जिससे किसी को असुविधा और हानि न हो।

पाँच वर्ष की अवस्था में नारायण का उपनयन संस्कार हुआ। पिता सूर्याजी पंत ने विधिवत् आयोजन करके सन् 1613 में वैदिक धर्म के अनुसार सभी परंपरागत प्रथाओं का निर्वाह किया। नारायण ने सर्वप्रथम गायत्री मंत्र की दीक्षा अपने पिता से प्राप्त की, फिर उसे सभी नित्यकर्मों के शुद्ध समापन हेतु आवश्यक मंत्र कंठस्थ कराए गए। अत्यंत मेधावी और कुशाग्र बुद्धि के स्वामी नारायण ने शीघ्र ही धार्मिक शिक्षा में दक्षता प्राप्त कर ली। उसे पुरुषसूक्त, वैश्वहैव, ब्रह्मयज्ञ आदि के सभी मंत्र इस प्रकार कंठस्थ हो गए कि पिता सूर्याजी भी चकित रह गए। नारायण की ज्ञान-ग्राह्य क्षमता और स्मरण-शक्ति बेजोड़ थी। मंत्रों का शुद्ध उच्चारण, लय और आलाप का शुद्ध ज्ञान उसकी बौद्धिक क्षमता का परिचायक था।

सूर्याजी पंत अपने पुत्र की असाधारण योग्यता पर अभिभूत थे। अब उन्होंने नारायण को व्यावहारिक शिक्षा के लिए एक अध्यापक के पास भेजा। नारायण प्रतिदिन पढ़ने जाते और अपना सारा शैक्षिक कार्य, लेखन, वाचन

स्मरण करके खेलने का समय भी निकाल लेते थे। एक वर्ष बीता था कि एक दिन नारायण के अध्यापक को सूर्याजी पंत से मिलने की आवश्यकता हो आई। अध्यापक पंतजी से मिले।

''पंतजी, मैं नारायण के संबंध में कुछ आवश्यक बात करने आया हूँ।''

''कहिए श्रीमान।'' पंतजी आशंकित हो उठे, कहीं उनके शरारती पुत्र ने कोई शरारत तो नहीं कर डाली थी।

''पंतजी, अब मैं नारायण को पढ़ाने में असमर्थ हूँ। मेरी समझ में नहीं…''

''श्रीमान, नारायण शरारती है, यह बात हम जानते हैं। उसने यदि कोई शरारत कर दी है तो मैं उसके लिए क्षमाप्रार्थी हूँ।''

''अरे पंतजी, आप मेरी बात का विपरीत अर्थ निकाल रहे हैं।'' अध्यापक ने मुसकराकर कहा, ''मैं इसलिए नारायण को पढ़ाने में असमर्थ नहीं कि वह शरारती है। आज तक मैंने उसे ज्ञान-प्राप्ति में सदा गंभीर ही देखा है। कभी उसकी किसी शरारत से मेरा परिचय नहीं हुआ। हो सकता है कि वह कोई शरारत करता भी हो; परंतु आज तक मेरे संज्ञान में ऐसा कुछ नहीं आया।''

''फिर… फिर… आप किस कारण उसे पढ़ाने में असमर्थ हैं?''

''पंतजी, मैं इसलिए असमर्थ हूँ, क्योंकि अब मेरे पास कोई ऐसा ज्ञान शेष नहीं रहा, जो नारायण ने ग्रहण न कर लिया हो। मैंने अपने जीवन में बहुत विद्यार्थी देखे हैं, परंतु नारायण सबसे अद्भुत है। जो शिक्षा आम विद्यार्थी तीन या चार साल में, मेधावी दो साल में ग्रहण कर पाते हैं, वह सब शिक्षा विलक्षण मेधावी नारायण ने एक ही साल में ग्रहण कर ली है।''

सूर्याजी पंत ने इस प्रकार दीर्घ श्वास छोड़ा जैसे कोई बड़ा भार उनके सिर से उतर गया था।

''अतः अब नारायण को किसी विद्वान् अध्यापक के पास भेजा जाना ही उचित है, ताकि वह उच्च शिक्षा प्राप्त कर सके।'' अध्यापक ने कहा।

''मैं शीघ्र ही इस संबंध में कुछ करूँगा।'' पंतजी ने कहा, ''मैं आपका

भी आभारी हूँ, जो आपने नारायण को प्रारंभिक शिक्षा इतनी सरलता और सहजता से दी कि उसने सीखने में कम समय लिया।''

''पंतजी, इसमें मेरी काई भूमिका नहीं रही। सत्य तो यह है कि नारायण की ग्राह्य क्षमता प्रबल और स्मरण-शक्ति अद्‍भुत है। ऐसे बालक का भविष्य बड़ा उज्ज्वल होता है। ऐसे विलक्षण विद्यार्थी देश, समाज और मानवता के लिए ईश्वर का उपहार होते हैं। आज मैं कह रहा हूँ और एक दिन यह सत्य भी होकर रहेगा कि नारायण साधारण जीवन में विश्वास नहीं करेगा। वह अपने ज्ञान से कुछ असाधारण और महान् कार्य करेगा।''

सूर्याजी पंत का हृदय गर्व से अभिभूत हो गया और वे गद्‌गद होकर भावावेश में अध्यापक से लिपट गए। संसार में ऐसा कौन पिता होगा, जो अपने पुत्र के शिक्षक के मुँह से अपने पुत्र की ऐसी प्रशंसा सुनकर भावनाओं के आवेग को वश में कर सकेगा। यह तो स्वाभाविक पितृ-भाव का प्रदर्शन था। अध्यापक भी इन भावनाओं को समझता था। उसने हृदय से नारायण के उज्ज्वल भविष्य की कामना की।

सूर्याजी पंत चूँकि मुगलशाही में नौकर थे, इसलिए अपनी व्यस्तता के कारण नारायण के लिए कोई विद्वान् अध्यापक खोजने में शीघ्र सफल न हो पाए, क्योंकि दुर्भाग्य से कुछ समय बाद ही वे काल-कवलित हो गए थे। फिर भी, समर्थ गुरु रामदास की रचनाओं और उनके कार्यों से स्पष्ट होता है कि उन्होंने उच्च शिक्षा की प्राप्ति अपने स्तर से अवश्य की होगी। इतिहासकार मानते हैं कि संभवत: समय का सदुपयोग और जीवन के अनिवार्य विषयों के प्रति सजग गुरु रामदास ने नाशिक प्रवास के समय विद्वानों से संस्कृत की शिक्षा प्राप्त की होगी।

नारायण की ज्ञान-ग्रहण जिज्ञासा कभी सुषुप्त नहीं हुई। उनके पिता सूर्याजी पंत आसपास के गाँवों में प्रकांड रामभक्त के रूप में प्रसिद्ध थे और वे लोगों को राम नाम क़ी दीक्षा देते थे। लोग दीक्षा लेने के लिए आते ही रहते थे और पंतजी पूर्ण शुद्ध भाव से विधिवत् दीक्षा देते थे। छह वर्षीय नारायण भी दीक्षा लेने को उत्सुक हो उठे। उनके बड़े भाई गंगाधर, जो उनसे

मात्र ढाई वर्ष बड़े थे, पिता से दीक्षा ले चुके थे। यद्यपि गंगाधर का सात वर्ष की उम्र में विवाह भी हो चुका था और उनकी पत्नी पार्वती बड़ी सुशील कन्या थी। गंगाधर भी बहुत धार्मिक विचारों के थे।

नारायण ने एक दिन अपने पिता से अपनी इच्छा व्यक्त कर दी।

"पिताजी, आप मुझे भी दीक्षा देने की कृपा करें।" नारायण ने कहा।

"पुत्र नारायण," पिता स्नेह से बोले, "दीक्षा हमारे धर्म का आवश्यक संस्कार है। चित्त की शुद्धि और ईश्वर में आस्था की दृढ़ता के लिए प्रत्येक व्यक्ति का दीक्षित होना आवश्यक है और यह तुम्हें भी लेनी होगी। परंतु बेटा, इसकी एक अवस्था होती है। तुम अभी छोटे हो। समय आने पर तुम्हें भी दीक्षा दी जाएगी, निश्चिंत रहो।"

नारायण विद्वान् भी थे। वे जानते थे कि संस्कार कर्म भी उचित समय पर ही होते हैं, अत: पिता की बात उन्होंने मान ली। यद्यपि उनकी जिज्ञासा बनी रही और वे उचित समय की प्रतीक्षा करते रहे। दुर्भाग्य से असमय ही पिता की मृत्यु हो जाने पर उन्हें उनसे दीक्षा प्राप्त करने का अवसर न मिला। सूर्याजी पंत की मृत्यु के बाद दीक्षा देने का धर्मकार्य स्वत: ही गंगाधर को सँभालना पड़ा। नारायण ने अपने अग्रज से अपनी इच्छा व्यक्त की।

"भैया, हमें भी दीक्षा प्राप्त करनी है। पिताजी तो नहीं रहे, अत: अब आप ही हमें दीक्षित करने की कृपा करें।"

"अनुज नारायण, अभी तुम्हारी अवस्था दीक्षा योग्य नहीं हुई है। अभी तुम्हें प्रतीक्षा करनी होगी।" गंगाधर ने पिता की भाँति ही उत्तर दिया।

नारायण अपने अग्रज का बहुत सम्मान करते थे, इसलिए उन्होंने अधिक आग्रह नहीं किया। यद्यपि उन्हें अपने अग्रज से भी दीक्षा नहीं मिल सकी। कारण चाहे जो भी रहा हो, परंतु गंगाधर ने भी नारायण को दीक्षा नहीं दी। कुछ धार्मिक विद्वानों का मानना है कि नारायण ने निराश होकर दीक्षा-प्राप्ति के लिए महाबली हनुमान से प्रार्थना की। उनकी प्रार्थना पर रीझकर हनुमानजी ने स्वयं प्रभु श्रीराम से प्रार्थना की और प्रभु ने अपने परम भक्त की इच्छा पर नारायण को दर्शन देकर राम-नाम के त्रयोदशाक्षरी मंत्र 'श्रीराम जय राम

जय-जय राम' से दीक्षित किया था। यह कथन अविश्वसनीय हो सकता है, परंतु इससे यह बात फिर भी स्पष्ट होती है कि समर्थ गुरु रामदास ने किसी को अपना गुरु नहीं बनाया था। उन्होंने स्वयं ही आध्यात्मिक चेतना से राम नाम के मंत्र को सिद्ध किया और इसी से अपनी साधना संपन्न की।

नारायण जिज्ञासु थे, मेधावी थे, फिर भी बाल क्रीड़ाओं में उनके नटखट और शरारतपूर्ण कार्य निरंतर होते थे। उनकी अपेक्षा अनके अग्रज गंगाधर शांत, सौम्य और गंभीर प्रकृति के थे। संभवत: यह स्वभाव उनके ऊपर आ पड़ी जिम्मेदारियों के कारण था। नारायण अपने मित्रों के साथ ऐसे खेल खेलते, जिनमें मानसिक और शारीरिक विकास स्वत: ही हो जाता था। पेड़ों पर चढ़ना, लंबी दौड़ में एक का दूसरे को छूना, अखाड़े में कसरत आदि करना, देर तक प्राणायाम आदि क्रियाएँ उनके प्रिय खेलों के अंग थे।

नारायण सदैव मानते थे कि स्वस्थ शरीर में ही स्वस्थ मन का वास होता है। अत: वे अपने स्वास्थ्य का विशेष ध्यान रखते थे। बचपन से ही वे स्वास्थ्य को ठीक रखने के प्रयास करते थे और यही कारण था कि वे अपने समवयस्क मित्रों में शारीरिक दृष्टि से भी सबल थे।

इस अवस्था तक आते-आते नारायण में मानसिक सबलता भी आ गई थी। वे सभी बातों का गहराई से मनन करते थे। अग्रज गंगाधर ने स्नेह के कारण उन्हें किसी पारिवारिक कार्य का भार नहीं सौंपा था तो नारायण का समय अधिकांश मित्रों के साथ ही व्यतीत होता था। वे मित्रों के साथ वन-भ्रमण के लिए जाते और प्रकृति के बारे में अपने मित्रों को जानकारी देते। प्रकृति से उन्हें बहुत प्रेम था। माता राणूबाई उनकी स्वच्छंदता पर चिंतित रहती थीं। एक दिन उन्होंने नारायण को टोक दिया।

"बेटा नारायण, अब तुम बालक नहीं रहे। यह आयु इस प्रकार घूमने और अनावश्यक क्रिया-कलापों में व्यर्थ करने की नहीं होती। पुरुष को चाहिए कि वह गृहस्थी के प्रति अपने कर्तव्यों को समझे।" माता ने समझाते हुए कहा, "अपनों की चिंता करे।"

नारायण ने कुछ नहीं कहा। उसकी चिंतन-शक्ति को संभवत: एक

और विषय मिल गया था। वह मौन रहा। माता खीझकर चली गईं।

नारायण बहुत गंभीर मुद्रा में घर के अंदर एक अँधेरे कमरे में जा बैठा। वह अपने नेत्र बंद करके, पालथी मारकर गहन चिंतन की मुद्रा में बैठा था। कुछ ही देर में वह समाधि अवस्था में चला गया।

बहुत समय बीत जाने पर माता राणूबाई को नारायण की सुधि आई। उन्हें तनिक भय लगा कि कहीं नारायण उनकी बात का बुरा मानकर ही तो घर नहीं लौटा। उन्हें यह तो पता नहीं था कि नारायण घर में है। उन्होंने अपनी चिंता गंगाधर से व्यक्त की।

''बेटा, जाकर तनिक नारायण को तो खोज। मैंने जरा सा डाँट दिया था तो वह बिल्कुल मौन रहकर कहीं बाहर निकल गया है।''

''माँ, आपने उसे क्यों डाँटा?'' गंगाधर बोले।

''क्या करूँ, उसका इस तरह स्वच्छंद घूमना, अकारण घूमना मुझे अच्छा नहीं लगता। अब वह बालक तो रह नहीं गया।''

''माँ, आप नारायण के लिए इतना चिंतित क्यों होती हैं? वह बहुत समझदार है और अपना ही नहीं, सबका हित सोचने की क्षमता रखता है। खैर, मैं उसे खोजकर लाता हूँ। भोजन का समय होने वाला है।''

गंगाधर बाहर चले। राणूबाई और भी चिंतित हो गईं। उन्हें स्वयं पर क्रोध भी आ रहा था। उन्हें नारायण से ऐसा नहीं कहना चाहिए था। अब आ जाए तो उसे दुलारकर उसका गुस्सा शांत करूँगी और फिर कभी ऐसी ठेस पहुँचानेवाली बात नहीं कहूँगी। ऐसा सोचकर राणूबाई अपने कार्य में जुट गईं। काफी समय बीतने पर गंगाधर भी नहीं लौटा। राणूबाई की चिंता और भी बढ़ गई और हृदय में शंकापूर्ण विचार आने लगे। इसी उधेड़बुन में वे किसी काम से उस अँधेरे कमरे में गईं और उनका पैर नारायण से टकराया तो वे चौंक पड़ीं।

''क कौन···? नारायण!'' राणूबाई ने आश्चर्य और भय से कहा।

''हाँ, माँ।'' नारायण धीरे से बोले।

''तू··· तू··· इस अँधेरे कमरे में क्या कर रहा है? मैंने तो गंगाधर को तेरी खोज के लिए गाँव में भेजा है। क्या तू मेरी बात से नाराज है?''

"माँ, मैं यहाँ बैठकर सारे विश्व की चिंता कर रहा हूँ। चौतरफा हो रहे अत्याचारों से व्याकुल हूँ।" नारायण ने कहा।

माँ स्तब्ध रह गईं। नारायण का यह उत्तर बहुत गंभीर था।

उसी समय पिता सूर्याजी पंत भी घर में आ गए और उन्होंने राणूबाई को आवाज दी। वे दौड़कर बाहर गईं।

"सुनिए जी, आज तो नारायण ने मुझे भयभीत ही कर दिया।"

"क्या किया उसने?" पंतजी हँसकर बोले।

राणूबाई ने सारी बात कह सुनाई। पंतजी गंभीर हो गए।

"नारायण की माँ।" पंतजी बोले, "तुम केवल माँ की दृष्टि से नारायण को देखती और समझती हो। वह कोई साधारण बालक नहीं है। उसके चिंतन की सीमा अनंत है। उसके भाव में विश्व बहता है। हमारे किसी पूर्वजन्म के पुण्य उदय हुए हैं, जो नारायण के माता-पिता होने का गौरव हमें प्राप्त हुआ है। तुम उसे समझने का प्रयास करो, समझाने का नहीं।"

इतना कहकर पंतजी उस कमरे में गए और अपने प्रिय पुत्र को बड़े प्रेम से बाहर लेकर आए।

"नारायण, बेटा, माँ के हृदय से तुम भलीभाँति परिचित हो। माँ का अपने पुत्र पर ऐसा संदेह होता है कि वह चिंतित रहती है।" पिता बोले।

"पिताजी, उनकी चिंता करना उचित ही है। अपनों की चिंता प्राय: सभी को होती है। मैं भी आज यही कर रहा था।" नारायण ने कहा।

"बेटा, हम बड़े भाग्यवान् हैं, जो हमें पुत्र के रूप में तुम मिले। संसार का हर पिता ऐसे पुत्र की कामना करता है, जो अपनों की श्रेणी में समस्त मानवता को रखता हो।"

नारायण ने कुछ नहीं कहा। वे हठी थे, शरारती थे; परंतु कभी भी अशिष्ट नहीं हुए। संबंधों का सम्मान वे भलीभाँति जानते थे।

नारायण अब कुछ गंभीर होते जा रहे थे। अब वे अकेले भी जंगल में बैठकर चिंतन में मग्न रहते। मित्र मंडली उन्हें खोजते हुए उनके पास पहुँचती और शिकायत करती।

''नारायण, यह अच्छी बात नहीं है। तू हमें छोड़कर अकेला ही घूमने चला आता है और हम तुझे खोजते रहते हैं।''

''मित्रो, स्वयं को खोजने का प्रयास मैं भी कर रहा हूँ, इसलिए एकांत में आता हूँ; क्योंकि भीड़ में भ्रम हो जाता है। मुझे स्वयं को खोजकर अपना लक्ष्य निर्धारित करना है।''

मित्र भी नारायण की विलक्षण प्रतिभा का सम्मान करते थे और उसकी प्रत्येक बात में छिपे गूढ़ रहस्य को समझने का प्रयास करते थे। मित्र ही नहीं, गाँव के अन्य लोग भी नारायण से बातें करने में संतुष्टि का अनुभव करते थे। नारायण का वाक् चातुर्य और स्पष्टीकरण इतना शुद्ध होता था कि वृद्ध, बालक, स्त्री और युवा सभी उससे प्रभावित हो जाते थे। नारायण सारे गाँव को आपसी सद्‌भाव, सहकारिता और सौहार्द के महत्त्व को समझाता था। लोग उसकी बात सुनते और भरसक अनुसरण भी करते।

एक दिन सूर्याजी पंत ने घर में भोज का आयोजन किया। घर में भोज की तैयारी होने लगी। पंतजी के कुछ अधिकारी मित्र भी इस भोज में आने वाले थे। राणूबाई पूर्ण तन्मयता से काम में व्यस्त थीं। पंतजी कहीं बाहर जाने वाले थे अतः अपनी पत्नी को आवश्यक निर्देश दे रहे थे।

''सारी तैयारी ठीक से करना, कहीं कोई कमी न रह जाए। बूँदी का रायता तुम अपने हाथ से बनाना। किसी और के भरोसे न रहना, क्योंकि वह तुम ही अच्छा बनाती हो। मेरे मित्रों की विशेष इच्छा है कि तुम्हारे हाथों से बना बूँदी का रायता ही वे सबसे ज्यादा लेंगे।''

राणूबाई अपनी प्रशंसा से मन-ही-मन प्रसन्नता से भर उठीं। पंतजी चले गए और राणूबाई अपने काम में जुटी रहीं। शाम हो गई तो उन्हें याद आया कि रायते के लिए अभी और छाछ की आवश्यकता होगी। जितनी रायते की प्रशंसा थी, उस हिसाब से उसकी मात्रा भी और अधिक होनी चाहिए। संयोग से उसी समय नारायण घर आ गए।

''तू कहाँ घूमता फिर रहा है? कल घर में भोज है और तुझे चिंता ही नहीं है। घर में छाछ कम है और तेरे पिताजी कह गए हैं कि रायता तो सबको

भरपेट ही चाहिए। अब छाछ कहाँ से आए? गंगाधर भी तो जाने कहाँ चला गया है। कुछ तो व्यवस्था करता। तुझे तो ऐसे कामों में रुचि नहीं।''

नारायण कुछ नहीं बोले, घर से बाहर निकल आए। माता खीझती व बड़बड़ाती रह गईं। नारायण सीधे अपने कुछ मित्रों के पास पहुँचे और उन्हें लेकर गाँव के कुम्हार के पास गए।

''काका, कल हमारे घर दावत है। घर में छाछ कम है। आप हमें शीघ्र ही कुछ घड़े दीजिए। हम सबकुछ व्यवस्था करते हैं।''

''ले जाओ बेटा, परंतु खाली घड़ों में छाछ कहाँ से आएगी?''

''आएगी काका, मैंने सब सोच लिया है।'' नारायण ने कहा और वहाँ से ग्यारह घड़े उठाकर चल पड़े।

''नारायण, भाई, हमें भी तो कुछ बता?'' मित्रों ने पूछा।

''इसमें बताना क्या, घड़े गिन लो। ग्यारह लाया हूँ। गाँव में ग्यारह घर ही हैं, जहाँ दूध बिलोकर छाछ बनती है। एक-एक घड़ा सबके घर रख देते हैं और कहते हैं कि सुबह वह घड़ा भरा हुआ मिलना चाहिए।''

''योजना तो ठीक है, परंतु क्या सभी घरों में हमारी बात मानी जाएगी?''

''क्यों नहीं मानी जाएगी! चलो मेरे साथ।''

नारायण ने जिन घरों में छाछ होती थी, सब घरों में घड़े रख दिए।

''कल सुबह अपनी सारी छाछ इस घड़े में भर देना, काकी। हमारे घर दावत हो रही है। छाछ की कमी न पड़ जाए।''

इस प्रकार उसने सबको मना लिया और मित्रगणों को आवश्यक निर्देश देकर घर जा सोया। सुबह पौ फटने से पहले ही वह निर्धारित कार्यक्रम के अनुसार मित्रों के साथ प्रत्येक घर से छाछ से भरा घड़ा ले आया और रसोईघर में कतार लगाकर प्रात: भ्रमण को चला गया।

जब राणूबाई रसोईघर में गईं तो इतनी सारी छाछ देखकर चकित रह गई और मन-ही-मन अपने लाड़ले नारायण पर रीझ उठीं। नारायण ने अपनी माँ की समस्या को सरलता से हल कर दिया था।

नारायण अपनी धुन का पक्का था। जिस काम को करने की ठान लेता

था, उसे करके ही मानता था। सूर्याजी पंत गाँव के पटवारी थे। उनके घर लोगों का आना-जाना लगा ही रहता था। यद्यपि सूर्याजी पंत का घर ठीक-ठाक बना था, अभी वे एक बैठक नहीं बना सके थे और आने-जानेवाले को घर के बाहर चबूतरे पर ही बिठाना होता था। एक दिन पंतजी के एक अधिकारी किसी काम से आए। उस समय पंतजी पूजागृह में पूजा कर रहे थे। अधिकारी गाँव का ही परिचित था और पंतजी का घनिष्ठ मित्र भी था, अत: वह घर के अंदर ही चला आया। साफ-सुथरा घर था और पूजागृह तो और भी साज-सज्जित था।

"भाई वाह पंत जी! अंदर तो आपने बहुत सुंदर साज-सज्जा कर रखी है। अकेले पूजाघर में ही काफी खर्चा कर रखा है; परंतु बाहर एक बैठक भी नहीं बनाई, जिससे आने-जानेवाले आराम से बैठ सकें।" अधिकारी ने व्यंग्य से कहा।

पंतजी तो मौन रहे, परंतु नारायण को यह बात चुभ गई।

अधिकारी तो चले गए, परंतु नारायण को नया कार्य मिल गया। उसने उसी समय अपने मित्रों को एकत्रित करके अपनी योजना बताई। मित्रगण सहर्ष उनके साथ हो लिये। सभी जंगल गए और वहाँ से लकड़ी के लट्ठे , फूँस आदि सभी आवश्यक सामान लाकर घर के सामने डाल दिया। इसके बाद सभी मित्रों ने आधी रात तक परिश्रम करके ऐसी शानदार बैठक बना दी कि प्रात:काल सूर्याजी पंत भी चकित रह गए। अपने पुत्र का ऐसा सुंदर और हठी कार्य देखकर उनका सीना गर्व से चौड़ा हो गया।

अभी सूर्याजी पंत कुछ सोच ही रहे थे कि उन्हें नारायण के साथ वे अधिकारी मित्र आते दिखे। पंतजी समझ गए कि नारायण ने उनकी कल की बात से उग्र होकर ही बैठक बनाई है और अब वह उनके व्यंग्य-बाण का उत्तर अपने हठ और सामर्थ्य से दे रहा था।

"अरे पंतजी, ब बैठक···! एक रात में ही!" अधिकारी स्तब्ध होकर बोला, "कमाल है, मैंने तो मजाक भर किया और आपने···।"

"मैंने कहाँ साहब! आपके मजाक के भीतर के व्यंग्य को नारायण ने

अपने मन पर लिया।'' पंतजी हँसकर बोले, ''सब इसी का किया-धरा है।''

अधिकारी हैरानी से शांत और गंभीर नारायण को देखते रहे।

''पंतजी, आपका बेटा निश्चय ही बहुत योग्य है। संसार में ऐसे लोग कम ही होते हैं, जो इतने स्वाभिमानी होते हैं। मैं लज्जित हूँ, जो मैंने ऐसा कहा।''

''आपका धन्यवाद।'' नारायण ने कहा, ''वास्तव में आपकी कृपा से यह संभव हो सका है, क्योंकि यह बैठक आपकी ही आवश्यकता थी।''

नारायण के गूढ़ व्यंग्य को अधिकारी ने समझा। पंतजी भी अपने पुत्र के गूढ़ व्यंग्य पर मुग्ध हो गए। फिर नारायण ने बहुत सत्कार से अधिकारी को बैठक में बिठाया और उन्हें लस्सी पिलाई।

इससे नारायण की प्रतिभा और प्रतिबद्धता स्पष्ट होती है। अभी उनकी आयु ही क्या थी। मात्र सात वर्ष! इस आयु में अधिकांश बालक तत्कालीन समय में ऐसी व्यावहारिक बातों से अनभिज्ञ ही होते थे। परंतु नारायण साधारण बालक नहीं थे। उनके गुणों की स्पष्ट झलक तो बचपन से ही मिलने लगी थी। माता-पिता शीघ्र ही उनके हाव-भाव और विचारों से परिचित हो गए थे।

□

गृह-त्याग

सूर्याजी पंत विद्वान् थे और लक्षणों के आधार पर व्यक्तित्व को जान लेना उन्हें भली प्रकार आता था। अपने पुत्र के चिंतन-प्रवाह की धारा और कार्यशैली उन्हें भयभीत भी कर रही थी। उन्होंने इस प्रकार की चेष्टाओं का परिणाम सांसारिक विरक्ति के रूप में देखा था। भगवान् महावीर की जीवनी में ऐसे ही लक्षण थे। यद्यपि पंतजी के लिए यह गौरव का विषय था कि उनका पुत्र संसार को अपनी विलक्षण ज्ञान कुंजी से समृद्ध करे, परंतु एक पिता होने के कारण वे स्नेह के बंधन में बँधे भयभीत होते थे। नारायण के संन्यास की कल्पना उन्हें भयाकुल करती थी। वे चाहते थे कि उनका पुत्र घर-गृहस्थी में रुचि ले और उन्हीं की भाँति पटवारी बने; परंतु यह सब होना उन्हें संभव नहीं लग रहा था। इसी असमंजस की स्थिति में समय बीत रहा था। नारायण उसी अनुपात में हठी होते जा रहे थे। पंतजी ने उन्हें अपने स्तर से समझाने का प्रयास भी किया, परंतु नारायण ने मौन रहकर ही सबकुछ कह दिया। उन्हें नौकरी में रुचि नहीं थी।

"बेटा नारायण," पंतजी ने पुत्र को प्रेम से पुकारा, "जीवन का पुरुषार्थ उद्यमी होने में है। इन दिनों वैसे भी परिस्थितियाँ अनुकूल नहीं हैं। अभावों में वृद्धि होती जा रही है। जीवन कठिन से कठिनतम होता जा रहा है। ऐसे में कोई स्थायी कार्य ही जीवन की विशेष आवश्यकता है। इन दिनों शासन सत्ता में मेरी अच्छी पहचान है। तुम्हारी इच्छा हो तो तुम्हारे लिए अच्छी सी नौकरी की बात करूँ।"

पिता की बात सुनकर भी नारायण मौन रहे, फिर धीरे से मुसकराए।

"नारायण, तुम योग्य हो, कर्तव्यशील हो और सर्वहित की चेष्टाओं में भी निपुण हो। यह नौकरी तुम्हारे लिए अपने पथ पर अग्रसर होने का उचित अवसर होगा, जिससे तुम्हारी परमार्थ की भावना का भी पोषण होता रहेगा।"

"पिताजी, यह मात्र मेरे जीवन का उद्यम होगा। इससे मैं अपने लक्ष्य तक नहीं पहुँच सकता। आपने स्वयं जीवन की विषमताओं का वर्णन किया है। ये विषमताएँ केवल जांब में नहीं हैं, अपितु ये संपूर्ण राष्ट्र की विषमताएँ हैं।"

"बेटा, एक अकेला व्यक्ति क्या कर पाएगा?"

"पिताजी, मार्ग बनाना और उस पर चलने को प्रेरित करना एकल पद्धति से ही आरंभ होता है। लक्ष्य पवित्र हो और मन में विश्वास हो तो इस संसार में सब संभव है। अनेक में भी एक का भाव समाहित रहता है। एक से एक मिलता है तो अनेक ही बनता है।"

नारायण ने स्पष्ट कर दिया था कि उसका लक्ष्य बहुत बड़ा है और नौकरी आदि उसके मार्ग में नहीं आती। पंतजी इससे अधिक कुछ कह भी नहीं सके। अब समझाने का प्रयास भी व्यर्थ था। उन्हें पीड़ा तो हुई, लेकिन हृदय के किसी कोने में विचित्र सी सुखकारी अनुभूति भी हुई।

स्वाभिमानी नारायण नौकरी के बंधन में नहीं बँधना चाहता, यह तो स्पष्ट हो गया था; लेकिन एक घटना ने नारायण के इस निर्णय को और भी अटल कर दिया था।

उस दिन कोई त्योहार था। घर में पूजा-पाठ चल रहा था। पंतजी भी अवकाश लेकर पूजा-पाठ में व्यस्त थे। उसी समय कुछ मुगल अधिकारी आ गए और पंतजी से मुलाकात की।

"आपको हमारे साथ चलना होगा। एक जरूरी काम से दूसरे गाँव जाना है।"

"परंतु श्रीमान, मैं तो आज का अवकाश लेकर आया हूँ।" पंतजी ने कहा।

"सरकारी नौकरी में अवकाश खारिज होते रहते हैं।" अधिकारी ने कहा, "अगर काम जरूरी है तो अवकाश का क्या मतलब?"

"आपकी बात ठीक है, परंतु हमारी पूजा अभी आरंभ ही हुई है और इसके समापन में थोड़ा समय लगेगा। उसके बाद मैं चलता हूँ।"

"पूजा-वूजा छोड़ो। इन बेकार की बातों में वक्त बरबाद न करो और फौरन हमारे साथ चलो।" अधिकारी कड़ककर बोला।

"क्षमा करें श्रीमान, यह आपके लिए व्यर्थ की बात हो सकती है, परंतु हमारे लिए यह हमारा पुण्य धर्म है। भगवान् की पूजा इस प्रकार बीच में नहीं छोड़ी जाती। घोर पाप लगता है।"

"भगवान् तो कल फिर मान जाएगा, क्योंकि उसकी पूजा रोज होती है और वह तुम्हारे धर्म में पूजा से ही खुश होता बताया गया है; मगर बादशाह नाराज हो गए तो मुश्किल हो जाएगी। उन्हें मनाना मुश्किल है। वे खुशामद से माननेवाले तुम्हारे भगवान् नहीं हैं। उन्हें काम पूरा चाहिए, समझे।"

एक धार्मिक व्यक्ति के लिए सबसे अधिक पीड़ा तब होती है, जब उसके धर्म को आहत किया जाता है। पंतजी किसी भय से अपना धर्म नहीं छोड़नेवाले थे। उन्होंने नौकरी छोड़ दी और तत्काल त्यागपत्र दे दिया। वहीं खड़े नारायण से नेत्र मिले और मूक वार्त्ता हो गई।

जब नौकरी धर्म-पूजा नहीं होने देती तो महान् कार्य कैसे पूर्ण होने देगी।

पंतजी ने मूक होकर उत्तर दे दिया। नारायण का निर्णय उचित था। स्वतंत्रता और स्वाभिमान में नौकरी बड़ी बाधा है और इन दोनों के बिना महान् लक्ष्यों का पूर्ण होना असंभव है।

नारायण या तो अपना लक्ष्य निर्धारित कर चुके थे या उनके जीवन के खट्टे-मीठे अनुभव उन्हें स्वतः लक्ष्य की ओर अग्रसर कर रहे थे।

ऐसे समय में उन्हें एक और कटु सत्य से परिचित होना पड़ा, जिसने उनकी अल्हड़ता को गंभीरता के सोपान पर प्रस्थापित कर दिया। नारायण के पिताजी का स्वर्गवास हो गया था। परिवार शोकमग्न हो गया था और नारायण

के हृदय में चिंतन समाया था। उनके सम्मुख प्रश्नों का अंबार खड़ा था। स्वजनों के करुण क्रंदन ने उनकी इस धारणा को बलवती किया कि इस संसार से मोह रखना ही जीव के दु:खों का मूल कारण है। मृत्यु के निश्चित सत्य को जाननेवाले भी यदि इस प्रकार शोक-संतप्त होंगे तो सुख की कल्पना कैसी! जीव का कार्य-संपादन जिस देह से होता है, वह देह कार्य की पूर्णता पर त्यागनी ही होती है। यही परम सत्य है।

उन्होंने अपनी विदुषी माता और विद्वान् भाई को करुण क्रंदन करते देखा तो विचलित हो उठे। इस प्रकार ज्ञानवान होने का क्या अर्थ है? स्वागत और विदाई में इतनी विषमता! हर्ष और शोक का ऐसा प्रयोग! यह सब केवल आसक्ति के कारण ही है।

नारायण का मन आसक्ति से विद्रोह कर उठा। गंभीरता स्थायी भाव बनकर उस बाल मन पर बैठ गई। माता राणूबाई चिंतित हो उठीं। आशंका प्रबल होने लगी। मार्ग खोजे जाने लगे। विरक्त होते नारायण को आसक्ति के बंधन में बाँधने के प्रयास होने लगे।

भाई गंगाधर यह जान चुके थे कि नारायण जिस अलौकिकता का आकांक्षी है, उसे प्राप्त किए बिना नहीं रहेगा। उसे रोकना, समझाना या किसी बंधन में बाँधने का प्रयास भी व्यर्थ था। फिर भी, उन्हें अपने भ्रातृ-कर्तव्य का पालन तो करना ही था।

नारायण का बाल्यकाल ही उनके भविष्य का दर्पण बन गया था, जिसमें उनके महान् व्यक्तित्व की छवि उनके माता-पिता और भाई ने देख ली थी। अब केवल सामाजिक कर्तव्य निभाने की औपचारिकता ही शेष रह गई थी, अन्यथा सबकुछ स्पष्ट हो चुका था।

नारायण पिता की मृत्यु के पश्चात् और भी गंभीर, हठी व विरक्त हो गया। यद्यपि मित्रों से उनका व्यवहार पूर्ववत् ही रहा। माता राणूबाई ने देखा कि अब नारायण अधिक समय बाहर ही व्यतीत करता है तो वे चिंतित हो उठीं। उन्होंने अपने बड़े पुत्र गंगाधर से बातचीत की।

"बेटा, नारायण की प्रवृत्ति जटिल होती जा रही है। अब वह पूर्णतया

विरक्त होता जा रहा है। यह उचित नहीं है। हमें कुछ उपाय करना चाहिए, जिससे वह घर-गृहस्थी की ओर आकर्षित हो।'' माता ने कहा।

''माँ, मुझे नहीं लगता कि नारायण अब किसी प्रकार का बंधन स्वीकार करेगा। फिर भी, कोई उपाय तो करना ही चाहिए।'' गंगाधर ने कहा।

''मेरे विचार से, उसका विवाह कर देना चाहिए। सुंदर पत्नी के आने से वह कुछ तो उसके प्रति आकर्षित होगा और धीरे-धीरे ठीक भी हो जाएगा।''

''नारायण माने तब न! उसका व्यवहार तो विवाह-विरोधी है।''

''बेटा, उसके व्यवहार से हमें संतुष्टि नहीं मिलेगी। समाज भी कुछ है। उसका विवाह आवश्यक है। किसी भी प्रकार से उसका विवाह करा देना चाहिए। तू भी उसके मन की थाह ले और मैं भी प्रयास करती हूँ।''

गंगाधर यह भलीभाँति जान चुके थे कि उनके प्रयास सफल नहीं होंगे। नारायण किसी भी प्रकार विवाह की बात नहीं मानने वाला। फिर भी, माता की इच्छानुसार प्रयास तो करना ही था।

शीघ्र ही गाँव भर में यह चर्चा चल पड़ी कि नारायण के विवाह की बातें चल रही हैं। नारायण भी सुनते और मौन रह जाते, लेकिन मित्रों ने छेड़खानी आरंभ कर दी।

''भाई वाह, कहता था कि हनुमान का भक्त हूँ और आजीवन ब्रह्मचारी बनकर रहूँगा। अब विवाह की बातें चलती हैं तो मन-ही-मन फूला नहीं समाता।'' एक मित्र ने व्यंग्य भाव से कहा।

''अरे, हम तो तेरे मित्र हैं, हमसे क्या छिपाना। बता दे कि किस गाँव की सुंदरी है। हम सब भागकर देख आएँगे कि कैसी है और तुझे बता देंगे।'' दूसरा मित्र बोला।

नारायण क्रोध में भरकर मित्र-मंडली से दूर चला गया।

मित्रगण हँसने लगे। उन्हें अब मनोरंजन करने का अच्छा अवसर मिल गया था। वे सब जैसे नारायण के पीछे ही पड़ गए।

एक दिन तो नारायण का क्रोध इतना उग्र हो गया कि सभी घबरा गए। माता राणूबाई ने भोजन के पश्चात् नारायण से बात छेड़ दी।

''बेटा नारायण, तूने अपने मामा भानाजी की लड़की सावित्री को तो देखा है न। अरे, तू तो बहुत समय ननिहाल में रहा भी है। सावित्री तो तेरे साथ खेली-कूदी है। मैंने उसे ही तेरे साथ विवाह के लिए चुना है।''

नारायण के नेत्र लाल हो गए और वह क्रोध में पाँव पटककर घर से बाहर निकलकर दौड़ पड़ा। माता ने घबराकर गंगाधर की ओर देखा।

''माँ, तुम भी बस! जानती हो कि उसका स्वभाव कैसा है, फिर भी उसे क्रोध दिलानेवाली बात करती हो।'' गंगाधर ने नाराजगी से कहा।

माँ ने लंबी साँस छोड़ी और काम में व्यस्त हो गईं। सुबह से शाम और फिर रात भी घिर आई, परंतु नारायण घर नहीं लौटा। गंगाधर उसे खोजने गए तो वह कहीं नहीं मिला। मित्र भी उसकी खोज में लग गए। पूरी रात बीत गई, परंतु गंगाधर का कुछ भी पता न चला। माता राणूबाई का हृदय कुविचारों से दग्ध होने लगा। रात व्याकुलता में बीती।

सवेरा होने पर किसी ने बताया कि नारायण नदी तट पर स्थित वटवृक्ष के ऊपर चढ़ा बैठा है। माता और भाई दौड़कर वहाँ पहुँचे। साथ ही मित्रमंडल भी वहाँ पहुँच गया।

''नारायण, नीचे उतर आ। इस प्रकार क्रोध करना तो उचित नहीं होता। पता है, हम सब तुम्हारे लिए कितने चिंतित रहे।'' गंगाधर ने स्नेह से कहा।

''बेटा, अपनी माँ पर इतना क्रोध!'' माता ने सजल नेत्रों से कहा, ''क्या मेरा तुझ पर इतना भी अधिकार नहीं है? नीचे आ जा, बेटा!''

नारायण नीचे उतरने लगा। माता और भाई की बात को टालना उसे नहीं आता था। बस, विवाह आदि की बातें न करें तो उसका मन संयमित रहता।

''लो भई, अब दूल्हा आ रहा है। यह तो वही बात हुई कि मन रीझे पर मुखड़ा खीझे।'' एक मित्र ने चुटकी ली, ''आओ भई, हनुमान के भक्त।''

फिर क्या था। नारायण का पारा सातवें आसमान पर जा चढ़ा और अत्यंत क्रोध में आकर उसने नदी में छलाँग लगा दी। उसका सिर एक पत्थर से टकराया और उससे रक्त की धारा बहने लगी।

माता राणूबाई चीखकर मूर्च्छित हो गईं। भाई गंगाधर स्तब्ध रह गए।

मित्रगण तत्काल नदी में उतरे और नारायण को पकड़कर बाहर लेकर आए। गंगाधर अपने भाई से लिपटकर रो पड़े।

नारायण को घर लाया गया। उपचार हुआ तो घाव शीघ्र ही भर गए, परंतु उसके माथे के दाहिनी आँख के ऊपर एक स्थायी गूमड़ रह गया, जो कि जीवनपर्यंत उसका पहचान-चिह्न बना रहा।

माता राणूबाई की हालत अच्छी नहीं थी। नारायण के क्रोध ने उन्हें बुरी तरह भयभीत कर दिया था। उनका स्वास्थ्य इसी चिंता में लगातार बिगड़ता गया कि अब नारायण का विवाह नहीं होगा। उपचार चल रहा था, परंतु टूटे हृदय और अपूर्ण इच्छाओं का कुछ नहीं हो सकता। माता को लगा कि अब उनके जीवन का अंत होने वाला है। व्यक्ति की इच्छा इतनी प्रबल होती है कि वह अंतिम साँस तक उसे पूरा करने के प्रयास और आशा नहीं छोड़ता। राणूबाई ने भी एक अंतिम प्रयास करने की ठान ली और एक दिन नारायण को अपने समीप बुलाया।

नारायण माता के पास बैठ गए। माता ने अपने लाल को स्नेह से दुलारा, पुचकारा और अपना हाथ उसके सिर पर फिराया। जब हाथ उस गूमड़ पर गया तो माता ठिठक गईं। एक बार तो इच्छा को दबाया, परंतु हृदय न माना।

"बेटा नारायण, ऐसा लगता है कि मेरा भी बुलावा आ गया।" माता ने बात शुरू की, "तुम्हारे पिताजी छोड़कर चले ही गए तो यह दुःख मुझ दुखियारी को खाए जा रहा है।"

"माँ, मृत्यु तो जीवन का परम सत्य है। इससे मुँह नहीं मोड़ा जा सकता। किसी के जाने का संताप एक समय तक तो ठीक है, परंतु उस एक ही दुःख के कारण अन्य सुखों की अवहेलना करना उचित नहीं है।"

"तू सत्य कहता है, बेटा; परंतु अन्य सुख भी न मिलते दिखाई दें तो आदमी क्या करे। फिर तो दुःख-पर-दुःख है ही।"

"माँ, सुख आत्मा के संतोष और परमात्मा के सुमिरन का नाम है। जो है, उसी में सुख मानना चाहिए।"

"अच्छा, यह बता कि तू अपनी माँ से प्रेम करता है?"

"इसमें क्या संदेह है, माँ। संसार में कौन ऐसा निर्मोही होगा, जो अपनी जन्मदात्री से प्रेम नहीं करता होगा। माँ तो संसार का सबसे बड़ा उपहार है और व्यक्ति तो सदैव ही इससे जुड़ा रहता है।"

"फिर भी तू अपनी माता की इच्छा और आज्ञा नहीं मानता।"

"ऐसा तो नहीं है, माँ। मैं कैसा भी हूँ, परंतु अपने प्रियजनों के आदेश को नहीं टालता। माता-पिता की आज्ञा टालने का पाप मैं नहीं कर सकता।"

"तो फिर मुझे वचन दे कि तू मेरी आज्ञा मानकार विबाह वेदी के पीछे खड़ा होगा। बेटा, तेरी माँ जो अभी मृत्यु की ओर बढ़ती दिख रही है, तुम्हारे वचन देने से ही स्वस्थ हो जाएगी।"

"माँ, यदि यही तुम्हारी इच्छा है तो मैं वचन देता हूँ कि मैं विवाह वेदी के पीछे खड़ा हो जाऊँगा।" नारायण ने कहा।

माता राणूबाई का मुख प्रसन्नता से खिल उठा। वे जानती थीं कि नारायण अपने वचन से पीछे नहीं हटता। अपनी सफलता पर वे मन-ही-मन इतरा रही थीं। नारायण के बाहर जाने के पश्चात् जैसे राणूबाई स्वस्थ हो गईं। उन्होंने तत्काल गंगाधर को बुलावा भेजा। थोड़ी देर में गंगाधर उनके सामने उपस्थित थे।

"बेटा गंगाधर, आज मैं बहुत प्रसन्न हूँ। आज नारायण को अपनी माँ पर दया आ गई। वह विवाह के लिए मान गया है।" राणूबाई प्रसन्नता से बोलीं। उनकी आँखें सजल थीं।

"आप सत्य कह रही हैं, माँ··· मुझे मुझे तो विश्वास ही नहीं होता।" गंगाधर अविश्वास से बोले, "यह तो सूर्य का पश्चिम से उदय होने जैसा है।"

"बेटा, वह अभी-अभी मुझे वचन देकर गया है। बहू से पूछ लो।"

गंगाधर ने प्रश्नवाचक दृष्टि से अपनी पत्नी पार्वती को देखा।

"माँजी ठीक ही कह रही हैं।" पार्वती ने पुष्टि की।

"यह तो भगवान् की बड़ी कृपा हुई, जो पाषाण में से भी जल-स्रोत

निकल पड़ा।'' गंगाधर मुसकराकर बोले, ''अब प्रश्न यह है कि कहीं इसमें कोई भेद तो नहीं है।''

''अब तू अपनी शंका की पोटली बंद कर।'' माता ने झिड़का, ''बड़ी कठिनाई से तो वह माना है। अब तू शीघ्रता कर। आज ही अपने मामा के गाँव चला जा और सावित्री के साथ नारायण के विवाह की बात पक्की करके आ।''

''ठीक है, मैं आज ही जाता हूँ।'' गंगाधर ने कहा और फिर वे तैयारी करने लगे।

राणूबाई का मायका जांब के पास ही आसन गाँव में था। उनके भाई भानाजी पंत बोघलापुरकर बहुत ही धार्मिक विचारों के व्यक्ति थे। समाज में उनका सम्मान भी था। भानाजी पैठण के महान् संत एकनाथ महाराज से दीक्षा लेकर जीवन में भक्ति और आस्था का रंग भर रहे थे।

गंगाधर अपने ननिहाल की ओर चल पड़े। रास्ते भर वे नारायण के वचन के बारे में ही सोचते-विचार करते रहे। उन्हें लगता था कि आजीवन ब्रह्मचर्य का व्रत लेनेवाले नारायण के इस निर्णय में अवश्य ही कोई भेद है। वे नारायण की योजना-पद्धति से भी परिचित थे कि वह बड़े अनुशासित ढंग से योजना बनाने में सिद्धहस्त था। सबसे बड़ी बात यह थी कि उसकी योजना शत-प्रतिशत सफल भी रहती थी। फिलहाल बहुत सोचने पर भी गंगाधर को कुछ सूझ नहीं रहा था। अंततः उन्होंने भी सब 'समय आने पर देखा जाएगा' सोचकर अपने कर्तव्य-पालन पर ही ध्यान लगाना उचित समझा।

वे अपने मामा के घर पहुँचे। मामा ने बड़े प्रसन्न मन से उनका स्वागत-सत्कार किया और कुशलक्षेम पूछा।

''सब कुशलता से हैं न? आजकल नारायण की विद्वत्ता के चर्चे गाँव-गाँव में हो रहे हैं।'' भानाजी पंत बोले, ''सच कहूँ, मुझे तो उसके बचपन से ही आभास हो गया था कि वह बड़ा विद्वान् बनेगा। जब वह यहाँ रह रहा था तो उससे कई बार धर्म-चर्चा का अवसर मिला। कितनी सरल और सहज वाणी में गूढ़ बातें कह देता है।''

"वह हमारे कुल का सूर्य है और एक दिन निश्चय ही उसके प्रकाश से हमारा कुल जगमगा उठेगा।" गंगाधर भाव-विभोर होकर बोले।

"इसमें कोई शंका नहीं है। आस-पास के क्षेत्र के विद्वानों में उसकी महत्ता है। मैने कई स्थानों पर लोगों से उसकी प्रशंसा सुनी है।"

"आज मैं भी उसी के संबंध में आपके पास आया हूँ। माँ की इच्छा है कि नारायण का विवाह सावित्री से कर दिया जाए तो उचित रहेगा।"

"अरे, यह तो तुमने मेरे मुँह की बात छीन ली। नारायण जैसा योग्य वर अपनी कन्या के लिए भला किस पिता को नहीं चाहिए!"

"तो फिर विवाह की तैयारी की जाए।" गंगाधर हर्ष से बोले।

"अवश्य। तुम विवाह की तैयारी करो। मैं शीघ्र ही कोई शुभ मुहूर्त निकलवाकर तुम्हें सूचना भेज दूँगा और बारात लेकर आ जाना।"

"ठीक है, मामाजी। मैं माँ को यह शुभ समाचार दे देता हूँ। मुझे आज्ञा दीजिए।"

गंग़ाधर प्रसन्न भाव से आसन गाँव से चल पड़े। यद्यपि उनकी शंका बार-बार सिर उठा रही थी और वे बलात् ही उसे दबा रहे थे। कुछ ऐसे विचार भी मन में उमड़ रहे थे, जो उन्हें भयभीत कर देते थे। क्या सर्वहित की सोचनेवाला नारायण किसी अहितकारी योजना पर कार्य कर रहा था? ऐसा संभव तो नहीं था। फिर यह आशंका निर्मूल तो नहीं थी। गंगाधर ने माता राणूभाई को यह शुभ समाचार दिया तो वह भी प्रसन्नता से फूली न समाईं। घर में नारायण के विवाह की तैयारियाँ की जाने लगीं।

नारायण की मित्र-मंडली को भी सूचना मिल गई थी कि नारायण का विवाह निश्चित हो गया है और इस विवाह के लिए नारायण भी मान गया है। मित्र-मंडली प्रसन्न थी। सब नारायण से मिलने चल पड़े, जो इस समय नदी के तट पर बैठा था।

"मित्रो, यह शुभ दिन बड़ी कठिनाई से आया है।" एक मित्र ने गंभीरता से कहा, "अतः सावधान रहना कि किसी के मुँह से कोई ऐसी बात न निकल जाए कि वह फिर से बिगड़ जाए। उसका क्रोध तो सबने देख लिया

है। ऐसा न हो कि हमारा मजाक उस बिगड़े नवाब को फिर से क्रोधित कर दे और वह नदी में कूद पड़े।''

''भई, मैं तो अपनी कहता हूँ कि एक शब्द भी मुँह से न निकालूँगा।'' एक और मित्र ने कान पकड़कर कहा, ''पिछली बार मेरे जरा से मजाक पर वह नदी में कूद पड़ा था तो मेरे घरवालों ने मेरी इतनी पिटाई की कि मुझे नानी तक याद आ गई।''

''वह तो अच्छा था कि जरा सी ही चोट लगी थी। कहीं और कुछ हो जाता तो गाँववाले तुझे जीने भी नहीं देते।'' तीसरे ने हँसकर कहा।

''इसीलिए मैं तुम सबको सावधान कर रहा हूँ। पहले उसका मन परखेंगे, तब कोई बातें करेंगे। लो, वह वहाँ नदी की धारा में दृष्टि गड़ाए इस प्रकार बैठा है, जैसे कोई बगुला मछली की प्रतीक्षा में हो।''

''अबे, धीरे बोल, सुन लिया तो बिफर जाएगा।''

सभी मित्र नारायण के पास पहुँच गए और उसके पास बैठ गए।

''कहो मित्रो, सब कुशल तो हैं न?'' नारायण ने मुसकराकर मित्रों से पूछा।

''हम सब तो कुशल हैं, परंतु आजकल तू हम मित्रों से अलग-अलग सा रहता है। क्या बात है?''

''ऐसा तुम्हें लगता है। मैं संसार से अलग रहनेवालों में से नहीं हूँ। बस, अपनी-अपनी दृष्टि की बात है।''

''यह बात तो है, भाई। हम ठहरे मूढ़ बुद्धि। अच्छा, अब यह तो बता दे कि तेरा विवाह किस तिथि को है? हम भी बारात में जाएँगे तो हमें भी कुछ तैयारी करनी है।''

''भई, तिथि तो मुझे भी नहीं पता।'' नारायण ने मुसकराते हुए कहा।

''ऐसा क्यों? तू तो वर है।''

''वर का काम अंतरपाट के पीछे खड़े होने का है। तिथि तो घरवाले और पंडित जानें। जिस दिन घरवाले कहेंगे, उस दिन हम तैयार होकर तुम लोगों के साथ चल देंगे।''

"अच्छा, एक बात तो बता। पहले तो तू विवाह के नाम पर ऐसे बिदकता था, जैसे साँड़ को लाल कपड़ा दिखाने पर वह बिदकता है। अब ऐसा क्या हो गया कि हमारा वीर बजरंग विवाह को उतावला हो उठा?"

"सूरज की ओर देखो।"

"अब कहाँ है सूरज? अस्त तो हो गया।"

"अस्त हो जाने से उसका अस्तित्व मिट नहीं जाता। वह अपना कार्य निरंतर करता रहता है। उसे भी नियमों का पालन करना पड़ता है; परंतु अपने तेज से वह विचलित नहीं होता।"

"तेरी गूढ़ बातें तो हमारी समझ में कभी नहीं आईं, फिर आज कहाँ से आएँगी! परंतु हमें प्रसन्नता है कि हमारा मित्र शीघ्र ही गृहस्थ जीवन के अनुभवों से परिचित होकर अपने मित्रों का मार्गदर्शन करेगा, जैसा कि सदैव करता आया है।"

नारायण कुछ न बोला। आज मित्रमंडली को उसका मन प्रसन्न दिखा तो नाना प्रकार के विषयों पर वार्त्तालाप होने लगा।

इधर भानाजी पंत नारायण और सावित्री के विवाह का शुभ मुहूर्त निकलवाने में असमर्थ रहे। नारायण की कुंडली वैवाहिक स्थिति के बारे में मौन थी। अंततः भानाजी ने अन्य पंडितों से राय लेकर फाल्गुन मास के अंतिम सप्ताह में विवाह मुहूर्त को ही श्रेष्ठ मानते हुए उसी दिन विवाह संपन्न करने का निर्णय लिया। भारतीय मान्यता में इसे 'अबूझ या असूझ' विवाह कहा जाता है और इस दिन उन जोड़ों का विवाह भी शुभ ही माना जाता है, जिनके ग्रह-नक्षत्र आदि नहीं मिलते। विवाह की तिथि फाल्गुन बदी अष्टमी निश्चित की गई।

निश्चित तिथि पर जांब से बारात चल पड़ी। वर बने नारायण अपने मित्रों के बीच ऐसे शोभायमान हो रहे थे, जैसे तारों के बीच चंद्रमा। माता राणूबाई की प्रसन्नता का पारावार न था। भाभी पार्वती भी अपनी देवरानी की प्रतीक्षा में हर्ष-विभोर हो रही थी। केवल गंगाधर पंत थे, जिनका चित्त स्थिर नहीं था। वे बार-बार नारायण के मुख के भावों को देखकर जानने का प्रयास

करते कि उसके अंतर्मन में क्या चल रहा है। नारायण भी कम नहीं थे। भाई की मनोदशा से भलीभाँति परिचित थे, परंतु मुख पर कोई ऐसा भाव न आने दिया, जिससे उन्हें कुछ संतुष्टि मिल पाती या आशंका बढ़ जाती।

बारात आसन गाँव के बाहर जा पहुँची। प्रथा के अनुसार वर का सीमांत पूजन किया गया और बारात ने गाँव में प्रवेश किया। रंग-बिरंगे परिधानों में बाराती गण प्रसन्नता से झूम रहे थे। बारात को जनवासे में भेज दिया गया। वधू पक्ष की ओर से आदर-सत्कार की अच्छी व्यवस्था थी। ऐसे ही हर्षोल्लास के फेरों का समय आ गया। अँधेरा अपने सिंहासन पर आ बैठा था और चहुँओर अपने शासन का विस्तार कर रहा था। प्रकाश की व्यवस्था मशालों के द्वारा हो रही थी।

उधर नारायण अपने मित्रों के बीच बैठकर भी जैसे अकेले थे। उनका चिंतन जारी था और अपनी योजना पर उन्होंने महानता से दृष्टिपात किया तो उन्हें सबकुछ अनुकूल ही लगा। उन्होंने अपनी माँ को दिया वचन और अपने ब्रह्मचर्य की रक्षा का मार्ग खोज लिया था। इतना तो वे जान ही गए थे कि अब उस पारिवारिक जीवन में रह पाना कठिन था; क्योंकि अब वे जो करने की सोच चुके थे, उसके बाद गाँव में ठहरना किसी भी दृष्टि से उचित नहीं था।

नारायण अंतरपट के पीछे विवाह वेदी पर खड़े होकर माता को दिया वचन भी पूर्ण करना चाहते थे और वहाँ से भागकर अपने व्रत को भी रक्षित करने का मन बना चुके थे। योजना तो उन्होंने उसी समय बना ली थी, जब माता को वचन दिया था।

फेरों का समय आ गया। वर और वधू को प्रथा के अनुसार आमने-सामने खड़ा कर दिया गया। एक कपड़ा उन दोनों के मध्य दीवार की भाँति तान दिया गया। यह अंतरपट पर था। आस-पास वर और वधू पक्ष के लोग खड़े थे।

पुरोहित ने संतुष्ट होकर आरंभ किया, ''शुभ लग्न, सावधान।''

नारायण ने भी सुना और समीप खड़े मामा के लड़के से पूछा, ''विवाह में 'सावधान' का क्या अर्थ हुआ?''

"सावधान अर्थ साफ है कि अब स्वच्छंदता गई, स्वतंत्रता गई और गृहस्थी का भार सिर पर आन पड़ा। अत: सावधान रहना।" मामा का लड़का, जो भावी साला भी था, परिहास से बोला।

नारायण तो सर्वदा सावधान थे। माता को दिया वचन तो पूरा भी हो गया था। वे अंतरपट के पीछे विवाह वेदी पर खड़े थे। अब तो अपने व्रत की रक्षा और लक्ष्य मार्ग पर बढ़ना ही श्रेष्ठ था।

"साँप, साँप, साँप!" अचानक नारायण भयभीत स्वर में चिल्ला उठे।

"कहाँ, कहाँ, कहाँ?" चारों ओर से शोर मच गया। मशालची साँप की खोज में मशालों को नीचे झुकाने लगे। अफरा-तफरी मच गई। लोग भय के मारे उछलते-कूदते इधर-उधर भाग रहे थे।

नारायण की ओर उनके भाई गंगाधर का ध्यान तब गया, जब नारायण की योजना पूरी हो गई। नारायण विवाह मंडप से भागकर बाहर आए। आसन गाँव की भौगोलिक स्थिति से वे भलीभाँति परिचित थे। उन्होंने बहुत समय वहीं बिताया था। उस गाँव की एक-एक गली जानते थे। घोर अंधकार ने उनकी सहायता की, क्योंकि अंधकार भी जानता था कि नारायण ही उसे कुछ कलंकों से मुक्ति दिला सकता है। चौतरफा अधर्म, अत्याचार और विषमताओं का अंधकार व्याप्त था, जो दिन के उजाले में भी समाज में फैला हुआ था। नारायण सूर्य बनकर उस अंधकार को मिटाने जा रहे थे, जिससे रात्रि के अंधकार का एकच्छत्र शासन रहता।

नारायण नदी तट पर पहुँच उसमें कूद पड़े। उन्हें भलीभाँति ज्ञात था कि उनकी खोज आरंभ हो चुकी होगी। अत: वे शीघ्रातिशीघ्र वहाँ से दूर चले जाना चाहते थे। नदी पार करके वे अपनी जन्मभूमि जांब में पहुँचे और वहाँ की मिट्टी को मस्तक पर धारण कर जन्मभूमि को प्रणाम करके अपने लक्ष्य की ओर बढ़ चले।

इधर आसन गाँव में अब हाहाकार मच गया था। वर के विवाह मंडप के भाग जाने की सूचना ने सबको स्तब्ध कर दिया था। वधू पक्ष के लोग तो जैसे मृतप्राय हो गए थे। तत्कालीन समय में स्त्री को भयानक और कठोर सामाजिक

कुप्रथाओं का सामना करना पड़ता था। ऐसे में लड़की सावित्री का भविष्य नितांत अंधकार में था। उसी मंडप और उसी मुहूर्त में विवाह संपन्न न होने से उसे आजीवन अविवाहित रहना था। कैसी भयानक त्रासदी थी। निर्दोष कन्या को कुप्रथाओं की भेंट चढ़ने को विवश कर देनेवाला समाज सदैव ऐसी ही विकृतियों का शिकार हो रहा है।

गंगाधर लज्जित और भयभीत सिर झुकाकर खड़े थे। उन्हें तो नारायण पर पहले ही विश्वास नहीं था; पर इतने कठोर और पीड़ादायी षड्यंत्र की उससे कदापि आशा नहीं थी। सावित्री का जीवन घोर संकट में था।

''गंगाधर, नारायण से हमें ऐसी आशा नहीं थी कि वह हम सबके मान-सम्मान को ऐसी ठेस पहुँचाएगा। सावित्री तो निर्दोष है। अब उसका क्या होगा? क्या उस निरपराधिनी को आजीवन घोर त्रासदी सहनी पड़ेगी?'' भानाजी पंत अपार दुःख से कंपित होकर बोले, ''कुछ तो कहो, गंगाधर।''

''मामाजी, नारायण का लक्ष्य विवाह तो कभी नहीं था। वह तो देश में फैली अत्याचारी कुशासन प्रणाली से त्रस्त राष्ट्र को स्वतंत्र कराने का लक्ष्य बना चुका था। माँ ने ही उसे वचनबद्ध कराया और अपने अखंड ब्रह्मचर्य के व्रत की रक्षा हेतु वह हम सबको त्यागकर अपने लक्ष्य की ओर चला गया।''

''इसका अर्थ यह है कि तुम्हें पहले ही सब पता था?''

''मुझे सदैव उसकी बातों से यही आभास मिलता था और मैं आशंकित ही रहता था। यहाँ तक कि पिताजी भी उसके इस लक्ष्य के बारे में जान चुके थे। परंतु माँ का हृदय तो अलग ही होता है। कोई माँ कैसे जानते-बूझते हुए अपने पुत्र को एक ऐसे कठिन मार्ग पर जाने दे सकती है, जिस पर उसके दर्शन भी दुर्लभ हो जाएँ।''

''गंगाधर, नारायण का लक्ष्य उसकी विद्वत्ता के अनुसार उचित ही है। सांसारिक बंधनों में रहकर इतना महान् लक्ष्य प्राप्त नहीं किया जा सकता। ईश्वर उसे सफलता प्रदान करे।'' भानाजी ने हताश, किंतु संयमित स्वर में कहा।

''आप बहुत महान् हैं, मामाजी।'' गंगाधर रो पड़े।

"बेटा, ऐसे महान् कार्य बिना बलिदानों के पूर्ण नहीं होते। नारायण ने भी अपने लक्ष्य हेतु बलिदान किया है। स्वतंत्रता बलिदान माँगती है और यह राष्ट्र के नागरिकों को ही देना होता है। अब हमें सावित्री के भविष्य के बारे में सोचना होगा।"

"मामाजी, मेरा एक सुझाव है। इससे सावित्री का जीवन भी सँवर जाएगा और हम सबका संताप भी मिटेगा।"

"बताओ, बेटा।"

"बारात में ऐसा लड़का है, जो बारह वर्ष की उम्र में विधुर हो गया था। अच्छे घर का है और सभ्य है। यदि आप कहें तो मैं इसी मंडप और इसी मुहूर्त में उससे सावित्री का विवाह करा दूँ।"

"बेटा, यदि ऐसा हो जाए तो उचित है। बेटी को आजीवन कष्टों में धकेल देने से तो यही अच्छा है।" भानाजी ने सहज भाव से सहमति दे दी।

गंगाधर ने प्रयास किया और निर्दोष सावित्री का जीवन घोर नरक में जाने से बच गया। उसी मंडप में उसका विवाह संपन्न हो गया। गंगाधर को ऐसा लगा जैसे बहुत बड़े पाप का प्रायश्चित्त कर लिया हो।

इस विषय में विद्वानों का मत यह है कि गंगाधर भी योग्य थे और अपने भाई से उन्हें ऐसी ही आशा थी तो वे विकल्प के तौर पर उस विधुर लड़के को साथ लेकर आए थे। जो भी हो, गंगाधर ने उचित ही किया था। उस विकट परिस्थिति में ऐसा समाधान ही श्रेष्ठ था, नहीं तो सावित्री का आजीवन अविवाहित रहना श्रेष्ठ गंगाधर (रामरामीदास) और नारायण (समर्थ गुरु रामदास) दोनों की कीर्ति में कलंक लग जाता।

गंगाधर ने घर पहुँचकर माता को सांत्वना दी कि अब नारायण की आशा करना व्यर्थ है। माता राणूबाई का रोते-रोते बुरा हाल हो गया। उन्हें स्वयं पर भी क्रोध आ रहा था और नारायण पर भी; परंतु अब धैर्य और संतोष के अतिरिक्त उनके पास कोई विकल्प शेष न था।

□

साधना-सिद्धि

नारायण की साधना-यात्रा का आरंभ हो गया था। बारह वर्ष की उम्र में अर्थात् सन् 1620 में उन्होंने गृह-त्याग कर दिया। समस्त मोह के बंधन तोड़कर उन्होंने अनूठे साहस का परिचय दिया था। इस आयु को अभी बाल्यावस्था ही कहते हैं और इस आयु में बालक का स्वजनों के प्रति मोह-ममत्व उच्चतम होता है। यह नारायण का संकल्प ही था, जिसने ऐसा असाधारण निर्णय लिया और इसी निर्णय ने संसार को एक ऐसे संन्यासी योद्धा से परिचित कराया, जिसने अपने प्रयत्नों से तत्कालीन अराजकता पर अंकुश लगाने में सहयोग दिया।

विवाह मंडप से भागकर अपने गाँव की भूमि को नमन करके नारायण ने कर्तव्य-पथ की दिशा ही बदली थी, भाव नहीं। वे भी दूरद्रष्टा और ज्ञानी पुरुष थे। सुनियोजित ढंग से किसी कार्य को करने का महत्त्व जानते थे। उन्होंने संन्यास मार्ग पर चलकर धर्मयुद्ध लड़ने के निमित्त क्रांतिकारी पद्धति का अनुसरण किया। मुगलिया शासन में जिस प्रकार समर्थ गुरु रामदास ने लोगों को साहस और बल-प्रयोग का महत्त्व समझाया, वह अपने आप में उनके शौर्य का उदाहरण है। उन्होंने सशस्त्र क्रांति का भरपूर प्रचार किया। 'शठे शाठ्यं समाचरेत्' के मंत्र से उन्होंने जुल्म और जालिम पर टूट पड़ने के लिए लोगों को प्रेरित किया।

महाराष्ट्र की भूमि पर अनेक महान् संतों ने जन्म लिया और देश तथा समाज के पुनरुत्थान में बड़ी भूमिका भी निभाई; लेकिन जैसा समर्थ गुरु

रामदास ने कर दिखाया, वैसा संभवतः ही किसी और ने किया हो। समर्थ गुरु ने संन्यासी की परिभाषा ही बदल दी। उन्होंने क्रांति का नेतृत्व किया और संसार में कीर्ति-पुंज बने।

नारायण ने अपना मार्ग निर्धारित कर लिया था। जांब से चलकर वे कुंभ नगरी और धार्मिक केंद्र नासिक पहुँचे। भारतीय जनमानस में आस्था और धर्म का केंद्र नासिक बड़ी सुरम्य और पवित्र नगरी है। नारायण ने वहाँ पहुँचकर सर्वत्र भ्रमण किया और अंत में अपनी साधना के लिए गोदावरी व नंदिनी नदियों के संगम पर स्थित ताकली गाँव को चुना। संगम से सटे इस गाँव में नदी तट पर एक टीला था, जिसमें प्रकृति-निर्मित एक गुफा थी, जिसे नारायण ने अपनी तपस्या हेतु चुना।

नारायण ने गुफा को अपना निवास-स्थान बनाया और संगम तट पर अपनी तपस्या आरंभ कर दी। प्रतिदिन सूर्योदय से पूर्व ही संगम के जल में खड़े होकर नारायण प्रथम दो घंटे गायत्री मंत्र का जाप करते, फिर अपने दीक्षा मंत्र 'श्रीराम जय राम जय-जय राम' का मध्याह्न काल तक जाप करते रहते। पीठ तक जल में खड़े होकर इतना कठोर जाप इतनी देर तक करना उनकी लगन और श्रद्धा का प्रतीक था। जाप से निवृत्त होकर नारायण अपने आराध्य श्रीराम और उनके परम भक्त वीर हनुमान की पूजा करते।

एकांत में साधना और उसके पश्चात् ताकली गाँव में जाकर भिक्षाटन करके नारायण को जो भी मिलता, उसी से क्षुधा का शमन कर लेते। नारायण की यह कठोर दिनचर्या थी। धीरे-धीरे ताकली गाँव के लोग अपने गाँव की सीमा में घोर तप करते बाल संन्यासी की ओर आकर्षित हुए। नारायण अपनी सहज और सौम्य वाणी से लोगों की धार्मिक शंकाओं का समाधान करते और मर्यादा पुरुषोत्तम भगवान् श्रीराम की कथा का श्रवण कराते।

लोगों में नारायण का नाम ही रामदास पड़ गया। अब वे ताकली गाँव के प्रिय भी हो गए थे, अन्यथा आरंभ में लोगों ने उन्हें वहाँ से भगाने के लिए कई यातनापूर्ण उपाय किए और उन्हें कष्ट भी दिए। परंतु साधु रूप में नारायण ने साधना के सभी नियमों का दृढ़ता से पालन किया। बारह वर्ष

एक ही स्थान पर एक ही दिनचर्या से साधना-सिद्धि करना अत्यंत दुष्कर कार्य है; लेकिन जो अपने निश्चय के प्रति दृढ़ और संकल्प के पक्के होते हैं, वे ऐसे ही दुष्कर कार्यों को करने की ठान लेते हैं। कहते हैं कि बारह वर्ष की साधना में नारायण ने 13 करोड़ जाप को पूर्ण किया।

नारायण से रामदास और समर्थ रामदास बनने में एक घटना का सहयोग रहा, जिसने उन्हें यह उपाधि दी।

एक दिन ताकली गाँव के साधना-स्थल पर रामदास अपने आराध्य श्रीराम के ध्यान में मग्न थे। इस ध्यानावस्था में वे बाह्य दृष्टि को बंद कर अंतर्दृष्टि को व्यापक कर लेते थे।

उसी दिन गाँव में गिरधर नामक एक अग्निहोत्री ब्राह्मण की मृत्यु हुई थी। ब्राह्मण की सुशीला पत्नी अन्नपूर्णा ने प्रथा के अनुसार पति के साथ सती होने का निर्णय लिया। तत्कालीन समय में किसी का स्वेच्छा से सती होना समाज में उत्सवपूर्ण होता था। ब्राह्मणी को आस-पास की महिलाओं ने स्नानादि कराया और उसका नववधू की भाँति शृंगार किया। शवयात्रा के साथ सैकड़ों नर-नारी पारंपरिक उत्सव गान गाते चल पड़े। ब्राह्मणी भी मोक्ष प्राप्त हो जाने की आशा और सती नाम की कीर्ति की लालसा में निर्भय होकर चली जा रही थी। गाँव की स्त्रियाँ उसके चरणों में बार-बार नमन कर रही थीं। वास्तव में यह दृश्य तत्कालीन भारत की घोर रूढ़िवादिता और अंधविश्वास का अकाट्य प्रमाण था।

शवयात्रा नदी के तट पर पहुँची। गाँव भर के लोग रामदास पर श्रद्धा रखते थे, अतः सबने ध्यानमग्न हो रामदास को प्रणाम किया। अपने ध्यान में रत रामदास ने अंतर्भाव से सबके कल्याण का आशीर्वाद दिया। विधवा हो चुकी और सती होने जा रही ब्राह्मणी ने भी रामदास को हाथ जोड़कर प्रणाम किया तो उसके हाथों की चूड़ियाँ खनक उठीं।

"अष्टपुत्रा, सौभाग्यवती भवः।" रामदास ने आशीर्वाद दिया।

सभी नर-नारी स्तब्ध होकर ठहर गए। ब्राह्मणी भी आश्चर्य से साधु महाराज की ओर देखने लगी, जिन्होंने बिना विचारे और आँखें बंद किए

ऐसा असंभव आशीर्वाद दे डाला था।

"महाराज, तनिक आँखें तो खोल लेते।" किसी ने हँसते हुए कहा।

"क्या आवश्यकता? कौन सा आशीर्वाद सत्य सिद्ध होते हैं!" दूसरे ने भी कहा, "साधु-संन्यासी का तो यही काम है। जीभ ही तो हिलानी पड़ती है, शेष तो भगवान् की इच्छा बता देते हैं।"

"चलो-चलो, आगे बढ़ो। क्यों समय नष्ट करते हो?" एक और बोला।

विधवा ब्राह्मणी जीवन के इस अंतिम अवसर की परख किए बिना आगे नहीं बढ़ना चाहती थी।

"महाराज, आपका यह आशीर्वाद इस जीवन में तो फलीभूत नहीं होगा।" विधवा स्त्री विनयपूर्वक बोली, "तो क्या मैं इस आशीर्वाद को भी साथ ले जाऊँ?"

रामदास ने तत्काल नेत्र खोल दिए और क्षण भर में सब जान लिया।

"रामलला बड़े समर्थ हैं। उसे (शव को) इधर लाओ।" रामदास बोले।

लोगों ने उनके सामने शव को रख दिया। रामदास ने गहनता से मृतक की नाड़ी, शिरा और हृदय-स्पंदन का निरीक्षण किया। वहाँ पर उपस्थित लोगों में गहन उत्सुकता और सन्नाटा था। रामदास ने शीघ्र ही जान लिया कि व्यक्ति पूर्ण मृत नहीं हुआ, अपितु अर्द्धमृत की अवस्था में है। उन्होंने अपनी पुष्टि के लिए एक धागा लेकर मृत व्यक्ति की नाक पर रखा तो उसके अति मद्धिम श्वास से धागा हिलने लगा। रामदास समझ गए कि व्यक्ति के प्राण उसकी देह में ही हैं, परंतु स्थिति विकट है। उन्होंने अपने जलपात्र से शीतल जल अंजुलि में भरकर उसके मुख पर छिड़का। अर्द्धमृत व्यक्ति बहुत धीमे से कुनमुनाने लगा।

सभी ग्रामवासियों में आश्चर्य की लहर दौड़ गई और वे रामदास की जय-जयकार करने लगे। ब्राह्मणी अन्नपूर्णा तो रामदास के पाँवों में गिरकर रोने लगी।

"महाराज, आप साक्षात् भगवान् हैं। ऐसी सामर्थ्य भगवान् के अतिरिक्त और किसमें होगी! एक वही असंभव को संभव कर सकते हैं। आपकी कृपा से मुझ दुखियारी को पुनर्जीवन मिला है। मेरे मृत पति को यम के पाश से आप ही छुड़ाकर लाए हैं। हे समर्थ रामदास! मैं अकिंचन किस विधि से आपकी कृपा के गुण गाऊँ।" अन्नपूर्णा ने रोते हुए कहा, "आपने मुझे आठ पुत्रों की माता होने का शुभाशीष दिया है। मैं आपको अपना प्रथम पुत्र अर्पण करने का वचन देती हूँ।"

"समर्थ गुरु रामदास की जय!" भीड़ ने नारा लगाया।

"पुत्री, सब समर्थ श्रीराम की कृपा है। अपने पति को शीघ्र ही नासिक ले जाकर किसी योग्य वैद्य से इसका उपचार कराओ।" समर्थ रामदास ने कहा और नेत्र बंद कर पुनः ध्यानमग्न हो गए।

गाँववाले समर्थ रामदास की जय-जयकार करते हुए अचेत गिरधर को नासिक के अनुभवी वैद्य के पास ले गए।

कुछ ही दिनों में दो कार्य हुए। समर्थ गुरु रामदास की कीर्ति चारों ओर फैल गई और गिरधर पूर्ण स्वस्थ होकर घर आ गया। गाँव के लोगों ने इसे चमत्कार की संज्ञा देकर समर्थ रामदास की ख्याति को दूर-दूर तक फैला दिया। यद्यपि यह चमत्कार उन्हीं लोगों की दृष्टि में था। रामदास की दृष्टि में तो उस व्यक्ति का जीवन शेष था और अत्यधिक शारीरिक दुर्बलता के कारण उसकी नाड़ी मद्धिम होती जा रही थी, तथापि इसमें प्रभु की कृपा और रामदास की श्रद्धा के योगदान से असहमत नहीं हुआ जा सकता, जो एक लगभग निष्प्राण को जीवन मिला।

यह घटना उनके ताकली प्रवास के संभवतः तीसरे या चौथे वर्ष में घटित हुई थी। गिरधर और अन्नपूर्णा समर्थ रामदास के अनन्य भक्त बन गए थे। समय पर अन्नपूर्णा के गर्भ से एक पुत्र ने जन्म लिया, जिसका नाम 'उद्धव' रखा गया। वचन के अनुसार, ब्राह्मण दंपती ने उद्धव को समर्थ रामदास को अर्पित कर दिया, जिससे रामदास और भी प्रसन्न हो गए।

"अन्नपूर्णे, जो इस लौकिक संसार में रहकर वचन और श्रद्धा पर

अटल रहता है, उस पर श्री रघुवीर की कृपा सदैव बनी रहती है। तुमने अपनी ममता को वश में करके अपना वचन निभाया है, अतः मेरा आशीर्वाद है कि तुम्हें आठ के बदले दस पुत्र हों।'' समर्थ रामदास ने कहा, ''अब इस बालक को मेरी अमानत जानकर इसका लालन-पालन करो। उचित समय आने पर मैं इसे अपनी सेवा में ले लूँगा।''

ब्राह्मण दंपती प्रसन्न होकर अपने घर चले गए। समर्थ रामदास का आशीर्वाद सत्य सिद्ध हुआ और उस दंपती के यहाँ एक-एक कर दस पुत्रों ने जन्म लिया। गाँव भर में उस दंपती को 'दसपुत्रे' नाम से जाना जाने लगा। समर्थ रामदास भी ताकली गाँव के लिए वरदान सिद्ध हुए। उन्होंने वहाँ के लोगों में देश, धर्म और मानव-प्रेम के प्रति जागृति उत्पन्न की और वहाँ के मारुति मंदिर में लोगों की श्रद्धा जगाकर लोगों को वीर बजरंग बली के समान शरीर सौष्ठव बनाने के लिए शारीरिक व्यायामों में लगाया।

गिरधर और अन्नपूर्णा का प्रथम पुत्र उद्धव समर्थ रामदास का प्रथम शिष्य बना, जो आगे चलकर रामदास की आज्ञा से मारुति मंदिर का महंत बना। इस प्रकार रामदास का प्रथम मठ ताकली में ही स्थापित हुआ।

ताकली में साधना-सिद्धि के समय ही रामदास ने कठिन संकल्प के द्वारा स्वयं को जितेंद्रिय बनाया। पूर्ण अनुशासित और संकल्पबद्ध रामदास की दिनचर्या बड़ी नियमित और कठोर रही। नदी के जल में सावधि जाप और पूजा करके उसके पश्चात् मधुकरी माँगकर लाते। दोपहर तक इन कार्यों से निवृत्त होते और फिर ज्ञान-संग्रह की जिज्ञासा लेकर नासिक जाकर तत्कालीन विद्वानों, पंडितों और भगवत्प्रेमियों से मिलते। वेद, पुराण और अनेक दार्शनिक ग्रंथों का अध्ययन करते। मस्तिष्क की विलक्षण ग्राह्य, संग्रहण और स्मरण-शक्ति की क्षमताओं पर विद्वान् भी चकित रह जाते। संभवतः यहीं, इसी समय में उन्होंने किसी विद्वान् से संस्कृत भाषा का ज्ञान प्राप्त किया। बारह वर्ष के साधनाकाल में रामदास ने अपनी जिज्ञासु प्रवृत्ति को पूर्ण संतुष्ट करने में विद्वानों की संगति की और शीघ्र ही नासिक के विद्वत् समाज में अभूतपूर्व स्थान प्राप्त किया।

समर्थ रामदास का महान् लक्ष्य पूर्ण योजनाबद्ध था। वे अपने विलक्षण ज्ञान से लोक-मंगल करने के लिए ही नासिक आए थे। यह बात इससे स्पष्ट होती है कि उन्होंने अपनी जन्मभूमि और साधनाभूमि को अपना कर्मक्षेत्र न चुनकर मराठा वीर शाहजी भोंसले की जागीर के एक गाँव चाफल को इसके लिए चुना। इतिहासकारों का मानना है कि नासिक में ही शाहजी भोंसले से उनकी भेंट होती थी। यह इससे सिद्ध होता है कि सन् 1635-36 में शाहजी भोंसले निजामशाह की सेवा का नेतृत्व करते हुए नासिक आते थे।

शाहजी धार्मिक प्रवृत्ति के व्यक्ति थे और विद्वानों तथा साधु जनों के दर्शन करने भी पहुँचते थे। ऐसे ही कभी रामदास से भी उनका परिचय हुआ और उनकी विद्वत्ता तथा विचारशीलता से शाहजी अत्यंत प्रभावित हुए। रामदास का लक्ष्य देश की तत्कालीन वैचारिक और राजनीतिक पराधीनता से उपजे सामाजिक पतन का दमन कर देश को उत्थान की ओर ले जाना था। शाहजी ने उन संन्यासी योद्धा के विचारों को तत्काल स्वीकृति देकर अपनी जागीर में पुनरुत्थान के कार्य को आरंभ करने की इच्छा व्यक्त की। इस प्रकार स्पष्ट होता है कि रामदास ने अपने लक्ष्य की भूमिका और नियोजन बहुत दूरदर्शी ढंग से किया। भारत की तत्कालीन दुर्दशा को सुधारने के लिए आमूल-चूल परिवर्तन आवश्यक भी था, इसमें जरा भी संदेह नहीं।

चौबीस वर्ष की अवस्था में रामदास ने अंतर्ज्ञान प्राप्त कर स्वयं को उस लक्ष्य की प्राप्ति के योग्य बना लिया था, जो उन्होंने बाल्यकाल में चुना था। इससे स्पष्ट होता है कि रामदास ने पूर्व तैयारी को आवश्यक समझा था। अब उन्हें देश की तात्कालिक स्थिति और समाज की सोच का अध्ययन करना आवश्यक लगा। उन्हें यह जानना था कि देश में कहाँ और कितना धर्मलोप हुआ था और कहाँ समाज में नवचेतना की गुंजाइश थी। इसके लिए देश का भ्रमण करना अत्यंत आवश्यक था।

अत: सन् 1633 में उन्होंने अपने प्रथम और प्रिय शिष्य उद्धव को आगामी निर्णय से अवगत कराया। उद्धव को अपने गुरु पर बहुत श्रद्धा थी।

वह उनकी सेवा को ही अपना धर्म समझता था।

"पुत्र उद्धव, देश की वर्तमान स्थिति से तुम अनभिज्ञ नहीं हो। चारों ओर से राष्ट्रीयता की भावना का दमन हो रहा है, हिंदुत्व का क्षय हो रहा है।" रामदास ने अपने शिष्य को समझाते हुए गंभीर स्वर में कहा, "विधर्मी शासन में किसी भी राष्ट्र की उन्नति का स्वप्न साकार नहीं होता। हमारे लोग अपनी वास्तविकता विस्मृत कर बैठे हैं, अपने धर्म से विमुख हो रहे हैं। कुछ भय से, कुछ इच्छा से और कुछ विवशताओं से उन अत्याचारियों का त्रास सह रहे हैं। अपनी अंतश्चेतना का ज्ञान उन्हें नहीं रहा। वे अपनी शक्ति और संगठन का महत्त्व खो चुके हैं। भारत माता की कोख से सदैव ही शूरवीरों ने जन्म लिया है और वे शूरवीर आज भी हैं। केवल प्रतिकूल परिस्थितियों ने उन्हें उनके शौर्य से अनभिज्ञ-सा बना दिया है। अपनी गर्जना को वे मिमियाहट में बदल चुके हैं। अपने जौहर को उन्होंने दासत्व में गिरवी रख दिया है।"

"आप सत्य कह रहे हैं, गुरुदेव।" उद्धव चिंतित स्वर में बोला, "भारतवर्ष में चहुँओर विधर्मी शासन ने हमारे सनातन धर्म एवं परंपराओं पर आघात किए हैं। कोई भी ऐसा नहीं दिखाई देता, जो इस स्थिति में विरोध का स्वर गुँजा सके।"

"पुत्र, यह समय घोर रात्रि के निद्राकाल की भाँति है। जिस प्रकार परिश्रम से विश्रांत कृषक मुरगे की बाँग सुनकर जागता है, उसी भाँति विधर्मियों के भय से थककर सोए हुए भारतीय जनमानस को बाँग देनी होगी। किसी को हुंकारकर उसकी निद्रा तोड़नी होगी। उन्हें नवीन सवेरे में प्राचीन भारत का चित्र दिखाकर पुनरुत्थान के लिए प्रेरित करना होगा।"

"गुरुजी, आपका तात्पर्य है कि हमें लोगों को जाग्रत् करना होगा।"

"हाँ पुत्र, मैं इसी लक्ष्य को लेकर देशाटन पर जा रहा हूँ।"

"गुरुजी, आप··· आप मुझे छोड़कर जा रहे हैं?"

"प्रिय उद्धव, गुरु-परंपरा में आज तक किसी गुरु ने अपने शिष्य को नहीं छोड़ा तो मैं ऐसा कैसे कर सकता हूँ। गुरु तो सदैव शिष्य के हृदय में

रहता है। तुम भी अपने हृदय को टटोलोगे तो मुझे वहाँ पाओगे।''

''गुरुदेव, आप निश्चय ही मेरे हृदय में हैं और प्रत्येक श्वास में भी आप ही हैं। मैं आपके साथ आपकी सेवार्थ देशाटन पर चलने की प्रार्थना कर रहा हूँ।'' उद्धव ने विनयपूर्वक कहा।

''यह न तो संभव है और न ही उचित।'' रामदास बोले, ''मेरा लक्ष्य मात्र देशाटन नहीं है, अपितु देश के अंदर के विध्वंसकारी तत्त्वों से सामना करना भी है। यह मेरा कार्य भी है और इसे मैं ही पूर्ण करूँगा। तुम्हारा कार्य मैंने तुम्हें सौंप दिया है। इस गाँव को मात्र गाँव न समझकर इसे मेरी तपस्थली जानकर यहाँ की प्रगति, उन्नति और सामाजिक विकास के कार्यों को आगे बढ़ाओ।''

उद्धव आज्ञाकारी शिष्य था। उसके लिए गुरु का आदेश परमात्मा के आदेश की तरह था। अपने शिष्य को संतुष्ट करके समर्थ रामदास देशावलोकन के लिए निकल पड़े। उनके संपूर्ण देशाटन का विस्तृत विवरण तो नहीं मिलता, परंतु फिर भी कहा जाता है कि उन्होंने देश के अधिकांश भूभाग का भ्रमण कर क्रांतिकारी संदेशों से जन-जागरण किया।

रामदास ने नासिक से अपनी वह धर्मयात्रा आरंभ की और सर्वप्रथम विश्वनाथ भूतेश्वर की नगरी काशी पहुँचे। इस पवित्र और मोक्षदायिनी नगरी में धर्म का सदैव आश्रय रहा है। मुगल शासकों के दुर्व्यवहार से यह धर्मनगरी भी नहीं बची। रामदास ने वहाँ के प्रमुख मंदिरों और धार्मिक स्थानों के दर्शन किए; सिद्ध, संत और महात्माओं से ज्ञान का आदान-प्रदान किया और लोगों में राष्ट्रीय चेतना जाग्रत् करने हेतु तत्कालीन भारतीय दशा पर भी गहन वार्त्तालाप किया। उन्होंने पवित्र काशी नगरी में कुछ समय बिताकर पवित्र तीर्थ गया की ओर प्रस्थान किया। वहाँ उन्होंने भगवान् बुद्ध के संदेशों को ग्रहण किया और अपने सभी धार्मिक कार्य संपन्न करके प्रयाग पहुँचे और वहाँ भी अपनी अध्यात्म जिज्ञासा शांत करके अपनी त्रिस्थली यात्रा पूर्ण की।

अब उनका पड़ाव अयोध्या था। अयोध्या उनके आराध्य भगवान् राम

की जन्म-स्थली था, इसलिए वहाँ वे लगभग एक वर्ष रहे। वहाँ के प्राचीन राम मंदिर में निवास कर उन्होंने अपनी आत्मा को तृप्त किया। अयोध्या में इतना समय उन्होंने धार्मिक कार्यों और प्रभु श्रीराम के श्रीचरणों में इसलिए बिताया था कि उन्हें विश्वास था कि उनकी श्रद्धा और सेवा से प्रसन्न होकर रघुकुल-तिलक श्रीराम अपनी कृपा से उनके महान् लक्ष्य को पूरा करने में अवश्य सहायक होंगे।

अयोध्या से रामदास ने पावन पवित्र ब्रजभूमि की ओर प्रस्थान किया। महायोगी श्रीकृष्ण की बाल क्रीड़ाओं से महकती यहाँ की मिट्टी के कण-कण में प्रेमरस भरा है। उन्होंने मथुरा, वृंदावन, गोकुल, नंदगाँव आदि पुण्य तीर्थों की यात्रा की। श्रीकृष्ण के प्रेम में भीगे ब्रजवासी जिस गोपी भाव से श्रीकृष्ण की महिमा का रागमय गायन करते, उसने रामदास को आनंद से विभोर कर दिया। ऐसे विकट कुशासन में भी ब्रजभूमि पर भक्ति और प्रेम का साम्राज्य था तो यह श्रीकृष्ण की ही महिमा थी।

ब्रजभूमि से चलकर रामदास द्वारिका पहुँचे। द्वारिका भगवान् कृष्ण की राजनीतिक राजधानी थी और वहीं उन्हें 'द्वारिकाधीश' का नाम मिला। वहाँ की भव्यता ने रामदास का मन मोह लिया और वहाँ उन्हें आत्मिक आनंद की अनुभूति हुई। वहाँ से रामदास ने संसार के सबसे वैभवपूर्ण मंदिर के दर्शन किए। यह मंदिर प्राचीनकाल से ही अकूत धन-संपदा और वैभव से परिपूर्ण रहा। विदेशी शासकों ने इसकी अपार संपदा के हड़पने के लालच में कई बार इसके मूल स्वरूप को तहस-नहस करने में कोई कसर नहीं छोड़ी। गजनी का सुलतान महमूद गजनवी इस मंदिर से सबसे अधिक धन-संपदा लूटने में सफल रहा और यहाँ हुए भयानक नर-संहार का सूत्रपात भी उसी ने किया। कहा जाता है कि सोमनाथ मंदिर की लूट में भारतीय अंधविश्वास का भी योगदान रहा, जो किसी ने भी विरोध न करके भगवान् के ही प्रकट हो जाने की आशा रखी।

सोमनाथ से रामदास नर-नारायण की अनुपम मित्रता का संदेश देनेवाले कृष्ण-सुदामा की जोड़ी के पात्र सुदामा के गृहनगर भी गए। वहाँ उन्होंने

भगवान् श्रीकृष्ण की कृपा की अनुभूति की। वहाँ से कच्छ और फिर सिंध होते हुए उन्होंने प्रकृति की सुरम्य घाटी कश्मीर के दर्शन किए। रामदास प्रकृति-प्रेमी थे और बाल्यकाल से ही प्रकृति की अद्‌भुत व रहस्यमय सृजन कला को समझने का प्रयास करते रहे थे। पर्वतों, नदियों, लताओं और पुष्पों से उन्हें सैदव ही स्नेह रहा था। उनका अधिकांश जीवन पर्वत शिखरों पर व्यतीत हुआ। संभवत: वे ऊँचाई पर रहकर यही संदेश देते थे कि भारतवंशी सदैव ही उच्च हैं। किसी विशेष कार्य से ही वे नीचे उतरते थे, अन्यथा अधिकतर समय पहाड़ पर ही रहते थे। कश्मीर में रामदास ने श्रीनगर में शंकराचार्य चोटी पर स्थित मंदिर के दर्शन किए।

इसी मंदिर में उनकी भेंट सिखों के छठे धर्मगुरु हरगोविंद सिंह से भी हुई। परस्पर विचारों का आदान-प्रदान हुआ, क्योंकि रामदास भी सशस्त्र क्रांति के पक्षधर थे और सिख धर्म में भी कृपाण धारण करने को अनिवार्य माना गया है। तत्कालीन परिस्थितियों में दोनों के विचारों में अवश्य ही समानता हुई होगी। सिख धर्म से ही स्पष्ट हुआ है कि रामदास गुरु हरगोविंद सिंह के साथ अमृतसर आए और वहाँ लगभग तीन महीने स्वर्ण मंदिर में रहे तथा सिख धर्म के संदेशों से ज्ञानार्जन किया।

अमृतसर से चलकर रामदास ने हिमालय के प्राकृतिक सौंदर्य में लिपटे दिव्य देवस्थलों और पवित्र धामों की यात्रा की। हिमालय की गोद में स्वर्ग समान ये चार धाम जैसे इंद्र की अलकापुरी की प्रतिकृति थे। रामदास ने यहाँ के वातावरण में दिव्य आध्यात्मिक तरंगों की अनुभूति के साथ ही पवित्र एवं स्वच्छ वायु के प्रवाह की भी अनुभूति की। बदरीनाथ, केदारनाथ, यमुनोत्री और गंगोत्री जैसे स्वर्गिक धामों ने जैसे रामदास को उनका लक्ष्य ही विस्मृत करा दिया था। उन्हें प्रतीत हुआ कि अब इन धामों के दर्शन के पश्चात् उनकी जीवन-यात्रा जैसे संपूर्ण हो गई हो और उन्हें इसी सुरम्य व पवित्र भूमि पर इहलीला समाप्त करके मोक्ष प्राप्त कर लेना चाहिए। उन्हें शीघ्र ही प्रभु श्रीराम की कृपा से अपना लक्ष्य स्मरण हो आया और स्मरण हो आया भारत का तत्कालीन दबा-कुचला समाज और उसे जाग्रत् करने का लक्ष्य।

रामदास को उनकी अंतश्चेतना ने समझाया कि इस प्रकार लक्ष्य त्यागकर स्वार्थ भाव से मोक्ष प्राप्त करना श्रेष्ठता का कार्य नहीं है। सच्चे साधक को चाहिए कि वह अपने ज्ञान की ज्वाला से समाज में व्याप्त कुरीतियों का दहन कर डाले। रामदास ने अपने आराध्य प्रभु श्रीराम को धन्यवाद दिया, जिनकी प्रेरणा से उन्हें जीवन की सार्थकता का ज्ञान हो सका।

अपने कर्तव्य को स्मरण कर रामदास पुनः दृढ़ होकर अपने पथ पर बढ़ गए और ऋषिकेश, हरिद्वार आदि धार्मिक स्थलों के दर्शन करते हुए पूर्व दिशा की ओर चल पड़े। वहाँ उन्होंने जगन्नाथपुरी में भगवान् जगन्नाथ के मंगल दर्शन कर आवश्यक धर्म कार्य किए। अब तक वे तीनों धामों की यात्रा कर चुके थे। अतः दक्षिण में स्थित चौथे धाम रामेश्वरम की ओर चल पड़े। अनंत विस्तृत नील समुद्र के सीने पर उनके आराध्य भगवान श्रीराम ने सेतु-निर्माण करने से पहले जिस शिवलिंग की पूजा की थी, उसके दर्शन से रामदास भाव-विभोर हो गए। सेतु समुद्र में जाप के पश्चात् अपनी दिनचर्या के अनुसार भगवान् राम और वीर बजरंगी की पूजा आदि के पश्चात् अनुरागपूर्ण होकर राम-स्तुति का गायन किया।

वहाँ से रामदास तिरुपति आए और पर्वत शिखर पर स्थित श्री वेंकटेश्वर भगवान् के दर्शन किए और पूजा की। वहाँ से उन्होंने श्रीशैलम स्थित ज्योतिर्लिंग मल्लिकार्जुन के दर्शन के पश्चात् वे गोकर्ण महाबलेश्वर आए। वहाँ दर्शन और अन्य धार्मिक कार्य पूरे कर उन्होंने कोल्हापुर की राह पकड़ी और वहाँ के प्रसिद्ध महालक्ष्मी मंदिर में वैभव मूर्ति, ऐश्वर्यदायिनी जगन्माता के दर्शन किए और वहाँ से कोंकण की ओर प्रस्थान किया।

कोंकण में भगवान् परशुराम के दर्शन कर उनके हृदय में एक नई ऊर्जा का संचार हुआ। भगवान् परशुराम के जीवन-चरित्र से उन्हें सदैव यही प्रेरणा मिली कि पापियों के नाश हेतु बल-प्रयोग करना आवश्यक है और उचित भी है। जिस प्रकार अन्याय और अनीति के विरुद्ध भगवान् परशुराम का प्रलयंकारी फरसा चला था और हैहय वंश का नाश हुआ था, उसी प्रकार तत्कालीन समय में परशुराम की नीति और क्रोध की आवश्यकता रामदास

स्पष्ट रूप से समझते थे।

कोंकण से चलकर रामदास महाबलेश्वर पहुँचे और वहाँ दर्शन आदि करके वहाँ के लोगों को संदेशपरक ज्ञान प्रदान किया। उनके विचारों से हर स्थान पर लोग प्रभावित होते थे। यहाँ भी अनंत भट्ट और दिवाकर भट्ट नामक दो किशोर वय ने रामदास से अनुग्रह प्राप्त करने की प्रार्थना की। रामदास ने उन्हें राममंत्र से दीक्षित किया और उन दोनों के सहयोग से महाबलेश्वर में भी मठ की स्थापना कर दिवाकर भट्ट को वहाँ का मठाधीश नियुक्त किया। समर्थ गुरु रामदास के इतिहास में उल्लेख है कि अपने देशाटन में वे जहाँ भी गए, वहीं मठ की स्थापना की और लोगों को रामदासी संप्रदाय में दीक्षित किया। ऐसे मठों की संख्या 1100 बताई जाती है। उन्होंने प्रत्येक मठ पर स्वयं के द्वारा दीक्षित सुयोग्य व्यक्ति को नियुक्त किया।

महाबलेश्वर से चलकर उन्होंने वाई, आलंदी और देहू का भ्रमण करते हुए एक और ज्योतिर्लिंग भीमाशंकर के दर्शन किए और फिर वहाँ से त्रयंबकेश्वर जाकर दर्शन किए। उनकी देशाटन यात्रा चतुर्दिक् होकर पूर्णता को पहुँची और वे नासिक लौट आए।

इस देशाटन में रामदास ने देश की भौगोलिक और प्राकृतिक स्थिति से आत्म-संतुष्टि प्राप्त की तो धार्मिक कार्यों से अपनी साधना को उच्च स्तर पर पहुँचाया। अपने भ्रमण काल में भी उनकी दिनचर्या में कोई परिवर्तन नहीं हुआ था। दोपहर तक जाप, पूजा, स्तुति आदि और भोजन करने के पश्चात् वे साधु जनों के सान्निध्य में ज्ञानार्जन करने की दिनचर्या का पालन करते रहे। इस देशाटन में उन्होंने देश की आर्थिक व सामाजिक स्थिति का भी अवलोकन कर लिया था और देशवासियों की दुर्दशा देखकर उनका संकल्प और भी दृढ़ हो गया था कि अब अविलंब उन्हें कार्य का आरंभ करना होगा। नासिक में बारह वर्ष पश्चात् उनकी भेंट अपने परम शिष्य उद्धव से हुई, जो अब नौजवान हो चुका था।

उद्धव अपने गुरु के श्रीचरणों से लिपट गया और अपनी वियोग-वेदना

आँसुओं से प्रकट की।

"पुत्र उद्धव, इतनी अधीरता उचित नहीं है। हमारे जीवन में स्वयं की भावनाओं को व्यक्त करने का समय नहीं है।" रामदास ने उद्धव को अपने गले से लगाकर कहा।

"गुरुजी, आपके दर्शनों की प्यास ने इन नेत्रों में इतने अश्रु संचित कर रखे थे, अत: इस आवेग को मैं वश में नहीं कर सका।" उद्धव ने स्वयं को सँभालकर कहा, "अब आपके दर्शन पाकर आत्मा तृप्त हो गई।"

"पुत्र, आत्मा की तृप्ति ही हमारा उद्देश्य नहीं है। हमें तो तब तक अतृप्त रहना है, जब तक भारत माता का दग्ध हृदय शांत न हो जाए। आज देश बहुत ही विपन्न और जर्जर स्थिति में है। हमने देश के सामाजिक जीवन की विद्रूपताएँ देखीं तो मन आंदोलित हो उठा। अपने ही देश में अपने ही लोग विवश और भयभीत कैसे हो सकते हैं! क्या कोई शूरवीर इसमें परिवर्तन का सामर्थ्य नहीं रखता? क्या भारत की वीर भूमि वीर-शून्य हो गई? ऐसा किसी कालखंड में तो नहीं हुआ।"

"गुरुदेव, ऐसा होगा भी नहीं। अवश्य ही परिवर्तन की चाह में कुछ हृदय मचल रहे होंगे। आपने ही तो कहा है कि हमें उन अचैतन्य को चैतन्य करना है, जो इस स्थिति में परिवर्तन लाएँगे।"

"हमे ऐसा अविलंब करना होगा, उद्धव।"

"आज्ञा करें, गुरुदेव।"

"हम कुछ दिन पश्चात् पुन: आएँगे और अपनी कर्मभूमि को खोजकर अपने कार्य आरंभ कर देंगे।" रामदास ने कहा।

"जो आज्ञा, गुरुदेव।"

इस प्रकार रामदास ने जन्मभूमि छोड़कर साधनाभूमि नासिक से अध्यात्म शक्ति का संचय कर देशाटन से उस शक्ति को उच्च शिखर पर पहुँचा दिया था। अव वे 27-28 वर्ष की अवस्था पर आकर शारीरिक, मानसिक और आध्यात्मिक रूप से परिपक्व हो चुके थे। उन्होंने अपनी सब तैयारियाँ कर ली थीं। वे अब धर्मयुद्ध के लिए तैयार थे। वे प्रभु श्रीराम से प्रार्थना कर रहे

थे कि उन्हें उनकी कर्मभूमि इंगित करें और वे अपना कार्य आरंभ कर दें।

संभवत: यही वह समय था, जब निजामशाह की ओर से लड़ते हुए शाहजी भोंसले नासिक आए और प्रभु की प्रेरणा से रामदास से उनकी भेंट हुई। वह भेंट ही उस मराठा वीर छत्रपति शिवाजी और समर्थ गुरु रामदास के प्रगाढ़ संबंधों का निमित्त बनी। शाहजी कुशल सेनापति और शासक थे तो रामदास भी योजना-नियोजन में निपुण थे।

□

माँ से पुनर्मिलन

शाहजी भोंसले से रामदास की भेंट और विचारों का सामंजस्य होने से एक ऐसी रूपरेखा तैयार हो गई थी, जिसने भविष्य में होनेवाले मराठा-मुगल युद्ध की समस्त रणनीति तैयार कर दी। दोनों ही हिंदू धर्म की दीन दशा पर चिंतित थे और एक-दूसरे के पूरक भी थे। यद्यपि शाहजी भोंसले निजामशाही में नौकर थे, परंतु मन-ही-मन उनके हृदय में स्वतंत्रता की छटपटाहट थी और इसके लिए उन्हें किसी योग्य कूटनीतिज्ञ, राजनीतिज्ञ और प्रभावशाली मार्गदर्शन की आवश्यकता हमेशा ही महसूस होती थी, जो अब रामदास जैसे संन्यासी योद्धा के मिल जाने से पूरी हो गई थी। रामदास का तो लक्ष्य देश की दुर्दशा में सुखकारी परिवर्तन लाना था और उन्हें ऐसी स्वतंत्र हिंदूशाही कर्मभूमि की आवश्यकता थी, जहाँ वे निर्विघ्न अपना कार्य कर सकें। शाहजी ने उन्हें अपनी स्वतंत्र जागीर से इस क्रांति के शुभारंभ का आमंत्रण दिया। दोनों की मुराद पूरी हो गई थी और अब अविलंब कार्य करना ही शेष था।

तभी रामदास के जीवन में ऐसा मोड़ आया, जिससे उन्हें अपने महान् लक्ष्य को कुछ समय के लिए विस्मृत करना पड़ा। शाहजी से भेंट करने के पश्चात् रामदास ने कार्य आरंभ कर दिया था। वे योजनाबद्ध ढंग से लोगों से मिलने लगे। सत्संग, कीर्तन, उपदेश आदि धार्मिक कार्यों के माध्यम से वे लोगों में चेतना जगाने का कार्य करने लगे। वे इन आयोजनों में सुधीजनों से देश की वर्तमान दशा पर चर्चा करते और उनके हृदय में स्वतंत्रता के महत्त्व को जगाकर उन्हें सचेत करते।

इसी संबंध में एक दिन वे पैंठण आए हुए थे। वहाँ पर उनके उपदेश सुनने हेतु बहुत सारे विद्वान् और साधारण लोग आए। उनकी ख्याति दूर-दूर तक फैल गई थी, इसलिए लोग स्वत: ही उन्हें सुनने चले आते। सर्वगुण-संपन्न रामदास का काव्य भी बड़ा माधुर्यपूर्ण था और कंठ भी। वे बड़े ही सुंदर काव्यात्मक ढंग से कीर्तन करते और अपने काव्य की व्याख्या भी करते जाते। इस ढंग से श्रोतागण मोहित से हो गए थे। इससे भाषाई समस्या आड़े नहीं आती थी। उनके कीर्तन में जिस विषय का संदेश होता था, वह व्याख्या से स्पष्ट हो जाता और लोग झूम उठते। रामदास कुशल नीतिज्ञ थे और लोगों की भावना समझने का मनोविज्ञान अच्छी तरह से जानते थे।

पैंठण में भी उनका ओजस्वी कीर्तन चल रहा था। श्रोता समाज पूर्ण मनोयोग से उस मधुर वाणी का रसास्वादन कर रहा था। संयोग से उस सभा में जांब गाँव का एक आदमी भी आया हुआ था, जिसने रामदास के माथे पर उठे गूमड़ से उन्हें नारायण के रूप में पहचान लिया था। कीर्तन की समाप्ति तक उस जांबवासी को 'है या नहीं' की दुविधा रही और अंत में अपनी संतुष्टि के लिए उसने पूछ ही लिया।

"महाराज, एक प्रश्न है, जिसने आपके उपदेश का एक भी शब्द मुझे सुनने नहीं दिया और मैं विचलित ही रहा।" जांबवासी ने कहा।

"कहो।" रामदास ने संक्षिप्त स्वर में कहा।

"आप जांब गाँव के कुलकर्णी सूर्याजी पंत के नारायण तो नहीं?"

रामदास क्षणिक मौन रह गए। सत्रह वर्ष पुरानी स्मृति क्षण भर में मानस-पटल पर चित्रित हो गई।

"हाँ, मैं वही नारायण हूँ।" रामदास ने स्वीकार किया।

"मैंने आपको आपके माथे के गूमड़ से पहचाना।" जांबवासी प्रसन्न होकर बोला, "यद्यपि मैं आश्वस्त नहीं था, फिर भी मेरा हृदय कह रहा था कि यह वही नारायण है, जो गाँव में लोगों को इसी प्रकार उपदेश देता था।"

"गाँव में सब कुशल तो हैं न?" रामदास ने पूछा।

"सब कुशल हैं। आपके घर में भी सब मंगल है। गंगाधर अब बड़े

विद्वान् बन गए हैं। अब उनका 'श्रेष्ठ' नाम प्रचलित है। रामजी और श्यामजी करके तुम्हारे दो भतीजे हैं। सभी कुशल से हैं।''

''और माँ··· माँ कैसी है?'' रामदास विह्वल हो उठे।

''माँ···'' जांबवासी तनिक उदास हो गया, ''जब से तुम आए हो, तब से उनकी आँखों के आँसू नहीं रुके और अब तो उन्हें दीखना भी बंद हो गया है। यदि हो सके तो उनसे भेंट कर आओ। जीवन के अंतिम समय में ऐसा कष्ट सह रही हैं, संभवतः कुछ शांति तो मिलेगी।''

रामदास मौन हो गए। अपनी घोर साधना से उन्होंने भले ही आसक्ति को पराजित कर दिया था और घर से आने के पश्चात् उन्होंने कभी गाँव या घर की याद भी नहीं की थी। उनकी विरक्ति में कोई संदेह नहीं रह गया था। आज उन्हें चिंतन का नया विषय मिल गया था।

उन्होंने अपने जीवन की सार्थकता लोक-कल्याण में देखी और अपने सभी सुख त्याग दिए। त्याग संन्यास की अनिवार्यता थी, परंतु इस अनिवार्यता में उन्होंने एक माँ के हृदय को कष्ट दिया था और यह एक प्रकार से अपराध ही था। जिस समय उन्होंने घर छोड़ा, उस समय इतनी गहराई से सोचने की समझ नहीं थी। ये परिपक्व चिंतन की बातें थीं। एक संत से अधिक कौन जानता है कि किसी का भी हृदय दुखाना एक गंभीर अपराध है और उन्होंने तो माँ का हृदय दुखाया था, जो पाप की श्रेणी में आता है। रामदास जैसे गंभीर, परिपक्व और विद्वान् संन्यासी क्योंकर इस पाप का भार जीवनपर्यंत ढोते, जो उनके पश्चात् भी उनके नाम से जुड़ा रहता? उन्होंने तत्काल प्रायश्चित्त का निर्णय कर लिया। प्रायश्चित्त ही कलियुग में पाप-दहन का मार्ग है। उन्होंने उसी समय अपनी जन्मभूमि जाने का निर्णय किया और तुरंत ही चल पड़े। एक महान् लक्ष्य की रूपरेखा तैयार हो गई थी और रामदास नहीं चाहते थे कि इस नए संताप से उनका हृदय दग्ध रहे और लक्ष्य प्रभावित हो।

वे अगले ही दिन दोपहर तक जांब पहुँच गए। सर्वप्रथम उन्होंने अपनी जन्मभूमि को नमन किया और फिर उस हनुमान मंदिर में जाकर अपने आदर्श वीर हनुमान का दर्शन किया, जिसमें उन्हें भगवान् श्रीराम से त्रयोदशाक्षरी

दीक्षा मंत्र प्राप्त हुआ था। अपने आराध्य की विधिवत् स्तुति कर रामदास अपने घर की ओर चल पड़े। गाँव की हर गली, हर नुक्कड़ लगभग वैसा ही था जैसा उनके समय में था। थोड़ा-बहुत परिवर्तन यदि हुआ भी था तो वह दृष्टि को अखरता नहीं था।

गाँव के लोग उस सौष्ठव साधु को देखकर उत्सुक थे और कई तो इस शंका में घिर भी चुके थे कि वह नारायण पंत था। रामदास भी इस बात को भलीभाँति जानते थे कि उनके माथे का गूमड़ उनकी शाश्वत पहचान है और उसी के कारण लोग उसे पहचानने का प्रयास कर रहे थे।

नारायण मौन और मुसकराते चले जा रहे थे। जब वे अपने घर के दरवाजे पर पहुँचे तो उन्हें एक विचित्र सी अनुभूति हुई।

''ओइम भगवती भिक्षामि देहि!'' रामदास ने जोर से पुकारा।

पीछे गाँव के बहुत से लोग खड़े आपस में कानाफूसी कर रहे थे। नारायण से रामदास बने उस साधु की वास्तविकता जानने की व्यग्रता सबके मुख पर तैर रही थी।

कुछ देर पश्चात् घर का दरवाजा खुला और दो सुंदर बालकों के साथ उनकी भाभी पार्वती अन्नपात्र ले आई। रामदास ने झोली नहीं फैलाई।

''बस, इतनी भिक्षा।'' रामदास मुसकराकर बोले, ''मैं इतनी भिक्षा से संतुष्ट होनेवाला नहीं, क्योंकि मैं पराया गोसाईं नहीं हूँ।''

पार्वती ने क्षण भर देखा और उनके नेत्र आश्चर्य से फैल गए।

''बहू, लगता है, नारायण आया है।'' भीतर से राणूबाई की क्षीण आवाज आई तो रामदास भी विचित्र मनोदशा से घिर गए।

''हाँ, माँजी।'' पार्वती के मुँह से निकला और वह प्रसन्नता से रो पड़ी।

रामदास ने आगे बढ़कर दोनों भतीजों को गोद में उठाकर दुलारा और फिर दौड़कर अपनी माँ के पास पहुँचे।

''नारायण, तू··· तू आ गया!'' अंधी माँ ने बाँहें फैलाईं।

''माँ!'' रामदास अब नारायण ही बनकर अपनी माता की बाँहों में समा गए।

दोनों माता-पुत्र बहुत समय तक रोते रहे। माता के तो जैसे अश्रु रुकते ही नहीं थे और आज तो विरक्त हो चुके रामदास भी भावनाओं के आवेग में देर तक बहे।

पुत्र ने माता के आँसू अपने हाथों से पोंछे तो जैसे चमत्कार हो गया। राणूबाई की दृष्टि लौट आई।

"नारायण, नारायण! मेरी··· मेरी नेत्र-ज्योति लौट आई।" राणूबाई प्रसन्नता से चीख पड़ीं।

पार्वती ने आश्चर्य से अपनी सास की ओर देखा।

"बहू···बहू! मैं देख सकती हूँ। मैं सब देख रही हूँ। यह मेरा नारायण, यह तू और यह मेरे रामजी-श्यामजी!"

पार्वती ने बड़ी श्रद्धा से चमत्कार को नमस्कार किया और क्षण भर में ये बातें सारे गाँव में फैल गईं कि नारायण सिद्ध पुरुष बनकर लौटा है, जिसने अपनी सिद्ध शक्ति से अपनी अंधी माता की दृष्टि लौटा दी।

"हम न कहते थे कि नारायण ने अकारण ही घर नहीं छोड़ा है।" एक बुजुर्ग ने कहा, "वह आरंभ से ही संन्यासी बनना चाहता था और उसकी बातों से यही झलकता था। आज देखो, कैसा चमत्कार कर दिखाया। अवश्य ही इसने कोई सिद्धि प्राप्त कर ली है।"

"मैं तो देखते ही पहचान गया था कि यह मेरा मित्र नारायण है।" रामदास का एक बाल सखा उत्तेजित स्वर में बोला, "उसके माथे का गूमड़ साफ तो कह रहा था कि वह अपना नारायण ही है।"

"नारायण अब अपनी सिद्ध शक्ति से हम सबका भला कर देगा।" एक बुजुर्ग महिला ने आशा भरे स्वर में कहा, "मुझे भी तीन वर्ष से बुरे स्वप्न आ रहे हैं। लगता है कि कोई भूत पीछे पड़ गया। अब नारायण से कोई भभूत मिल जाएगी।"

"मैं भी अपने आदमी को दिखाऊँगी।" एक प्रौढ़ महिला ने कहा, "उन्हें भी कुछ दिनों से साफ-साफ नहीं दिख रहा।"

यह ग्रामीण परिवेश को जकड़े पड़े घोर अंधविश्वास की झलक थी,

जो काफी हद तक आज भी कुछ क्षेत्रों में प्रभावी है। रामदास के हाथ लगाने से राणूबाई की दृष्टि लौट आई तो इसे लोगों ने चमत्कार कहा; जबकि रामदास स्वयं जानते थे कि अधिक और निरंतर रोते रहने से किसी व्यक्ति की आँखों की शिराओं में रक्त-संचार रुक जाने से अस्थायी रूप से दृष्टि चली जाती है, जो मन का गुबार निकलने की स्थिति में लौट आती है।

राणूबाई अब पुत्र को अपनी आँखों से देखकर प्रसन्नता से फूली न समा रही थीं।

"अच्छा, तो इस चमत्कारी शक्ति को पाने के लिए तूने अपनी माता को भुला दिया था। अच्छा, कौन सा भूत तूने वश में कर लिया है?" माता ने अनुराग से अपने बेटे से पूछा।

"माँ, वह भूत कोई साधारण नहीं है। वह संसार के सब भूतों का स्वामी है। उसकी इच्छा के बिना सृष्टि भर में न कोई भूत रहता है और न कोई भविष्य। वह भूतेश्वर चाहे तो पंगु को भी पर्वत पार करने की शक्ति दे दे और राजा को क्षण भर में रंक बना दे। उस सर्वेश्वर श्रीराम की अनंत महिमा का क्या बखान। एक उसमें प्रीति लगे तो सब सुलभ हो जाए। वही संसार में सार है। वही तू है, वही मैं हूँ तथा वही यह सारा जीव जगत् है।"

राणूबाई अपने पुत्र की मधुर भाषा और सहज विश्लेषण पर मुग्ध हो गई।

"माँ, मैं क्यों भागता, यदि वही समर्थ श्रीराम मुझे आज्ञा न करते। मेरी क्या हस्ती जो मैं उनकी इच्छा के विरुद्ध जाता। माँ, उन श्रीरघुनंदन ने मुझ अकिंचन को अपना कृपापात्र समझा और मुझे प्रेरणा दी कि संसार में स्वहित, स्वजन-प्रेम तो साधारण कार्य है, कोई महान् कार्य करो।"

राणूबाई के मन से सब संताप मिट गए। विवाह मंडप से भागकर नारायण ने जो अपार कष्ट दिया था और जिसकी पीड़ा आज तक राणूबाई को रही थी, आज सब कपूर की भाँति उड़ गई थी। आज नारायण ने उन्हें दृष्टि के साथ अंतर्दृष्टि भी प्रदान कर दी थी। जिस प्रकार मोह-ममत्व में डूबी मनु-पुत्री देवहूति को उनके पुत्र कपिल ने आत्मज्ञान कराया, आज उसी

प्रकार नारायण ने अपनी माता को सत्य से अवगत कराया कि संसार में ईश्वर की कृतित्व शक्ति के समक्ष सबको नत होना पड़ता है।

"बेटा नारायण, अभी तक मैं समझती थी कि तूने हम सबको जो कष्ट दिया है, वह क्षमा योग्य नहीं है। आज मुझे ज्ञात हुआ कि परमात्मा की इच्छा के अनुसार ही सुख-दुःख की प्राप्ति होती है। तेरा यह अलौकिक रूप देखकर मेरी छाती गर्व से चौड़ी हो गई। तूने मेरी कोख धन्य कर दी।"

"माँ, भैया कहाँ हैं? क्या वे अभी भी मुझसे रुष्ट हैं?"

"वह तो कभी तुझसे रुष्ट नहीं रहा। यदि मैं कभी क्रोध में तुझे बुरा कह भी देती थी तो वह मुझे समझाता था कि नारायण ने जो किया है, सोच-समझकर किया है। वह साधारण जीवन का आकांक्षी नहीं है।"

रामदास को अपने हृदय के सब भार उतर गए प्रतीत हुए।

"चल बेटा, अब भोजन कर ले।" माँ ने प्रेम से कहा।

"माँ, मैं संन्यासी हूँ और मैं संन्यास धर्म के नियमों का पालन करने को बाध्य हूँ। मैं मधुकरी द्वारा भोजन करता हूँ। मुझे आशा है कि आप मुझे नियम भंग करने को विवश नहीं करेंगे। मेरी तपश्चर्या ही मेरे जीवन का आधार है और मैं इसमें कैसा भी हस्तक्षेप नहीं चाहूँगा।"

"जैसी तेरी इच्छा बेटा। मुझे तो इसी में संतोष है कि इतने दिन बाद मेरा बेटा घर लौट आया और मेरे बुढ़ापे को सुखमय कर दिया।"

नारायण मौन रह गए। अभी वे जाने की बात कहकर माता का हृदय नहीं दुखाना चाहते थे। अब उन्हें अपने अग्रज गंगाधर की प्रतीक्षा थी। वे अपने सुकुमार भतीजों के साथ व्यस्त हो गए और उनसे नाना प्रकार की बातें करते रहे। शीघ्र ही उनके भतीजे भी जान गए कि वे उनके चाचा हैं तो उनकी वाणी भी मुखर हो गई। भाभी पार्वती घर में आई उन खुशियों पर ईश्वर का बहुत-बहुत धन्यवाद कर रही थी।

श्रेष्ठ (गंगाधर) लौट रहे थे कि गाँव में घुसते ही उन्हें यह शुभ समाचार प्राप्त हो गया।

"श्रेष्ठजी, आपका भाई नारायण आया है। बहुत सिद्ध संन्यासी हो गया

है। आते ही आपकी माँ की आँखों पर हाथ रखा और चमत्कार हो गया। उनकी आँखों की ज्योति लौट आई।'' किसी ने बताया।

गंगाधर का हृदय विचित्र सी प्रसन्नता से भर गया और वे तेज कदमों से घर की ओर चल पड़े।

''अरे श्रेष्ठजी, समाचार सुन लिया?'' किसी और ने टोका।

गंगाधर ने अब लगभग दौड़ना आरंभ कर दिया था। यह भ्रातृ-प्रेम का आवेग था। आँखों में व्याकुलता थी और हृदय में उत्ताल-भावना। घर तक आते-आते गंगाधर हाँफ गए और चौखट पकड़कर खड़े हो गए। उनका प्रिय अनुज सामने बैठा बच्चों के साथ बतिया रहा था। गंगाधर ने उनके देदीप्यमान मुखमंडल को देखा, जिस पर दिव्य तेज उनकी उपलब्धियों की गाथा कह रहा था। सौष्ठव, बलिष्ठ शरीर उनके कड़े तप का परिचायक था।

''नारायण··· नारायण··· !'' गंगाधर सजल नेत्रों से बोले।

रामदास ने उधर देखा और अपने भाई को देखकर मुसकरा उठे। दोनों भाई एक-दूसरे की भुजाओं में समाकर रो पड़े। यह राम-भरत के मिलन जैसा आत्मविभोर कर देनेवाला दृश्य था। बहुत देर तक दोनों भाई अपनी भावनाओं के प्रवाह में बहते रहे।

''नारायण, तू बहुत षड्यंत्रकारी निकला रे।'' गंगाधर ने प्रेम से उलाहना देते हुए कहा, ''मुझे अंत तक भनक न लगने दी कि तू क्या करने वाला है, यद्यपि आशंका तो मुझे थी।''

''मेरे पास कोई और विकल्प नहीं था। माँ मुझे सांसारिक बंधनों में बाँधकर मेरे लक्ष्य को बाधित करना चाहती थीं। आप जानते हुए भी मुझे कोई सहयोग नहीं कर रहे थे, तब मैंने ऐसा किया।''

''भाई, माँ और हम इतने महान् कहाँ, जो तुझे जानकर भी इस मार्ग पर खुशी-खुशी जाने देते। हम साधारण सामाजिक प्राणी हैं, जो स्वहित की ही सोच पाते हैं। अच्छा, यह बता कि तूने चमत्कार करना सीखा है या परोपकार करना सीखा है? इतने बड़े त्याग और कष्टों के पश्चात् भी क्या तेरे हाथ यह चमत्कारी शक्तियाँ लगीं?''

''श्रेष्ठजी, यह चमत्कार तो उन साधारण मानवों की दृष्टि में है, जो श्रीराम की कृपा का प्रताप नहीं समझते।'' रामदास ने कहा, ''जो प्रभु की कृपा पर विश्वास करते हैं, उनके लिए तो यह प्रसाद है।''

''वही तो मैं कह रहा हूँ कि कहीं हमारे नारायण ने लौकिक कृपा के बदले लौकिक जादू-टोने में तो शिक्षा प्राप्त नहीं की। मुझे बड़ी प्रसन्नता हो रही है कि जिस उद्देश्य से तुमने गृह-त्याग किया, उसमें तुम सफल रहे।''

इस प्रकार दोनों भाइयों के बीच बहुत समय तक विभिन्न विषयों पर वार्त्तालाप होता रहा। गंगाधर अपने अनुज की उपलब्धियों को जानकर गर्व से अभिभूत हो गए। उनके हृदय के सब संताप दूर हो गए।

अब रामदास ने साँझ के समय गाँव का भ्रमण किया। उनके मित्रगण उनसे गले लगकर मिले, यद्यपि रामदास के व्यक्तित्व को देखकर उन सबके हृदय संकोच से सिकुड़ रहे थे। रामदास पूर्व की भाँति नदी तट पर बैठ गए और मित्र-मंडली उन्हें घेरकर बैठ गई। सर्वत्र मौन छाया हुआ था।

''मित्रो, विस्तार जीवन है और संकोच मृत्यु।'' रामदास ने अपने मित्रों की मनोदशा भाँपकर कहा, ''तुम सब इस प्रकार मौन क्यों हो? मैं तुम्हारा वही मित्र नारायण हूँ। अतः अपनी वाणी को मुखर करो।''

''म···मु···मुझे···उदरशूल रहता है।'' एक मित्र ने धीरे से कहा, ''बहुत उपचार के बाद भी नहीं मिटता। तुम तो चमत्कार से सब ठीक कर देते हो। कृपा करके मुझे भी ठीक कर दो।''

''हाँ नारायण, मुझे भी चर्मरोग है।'' दूसरे मित्र ने कहा, ''तुम अवश्य ही इसे ठीक कर दोगे।''

इस प्रकार मित्रगणों में कई रोगी सामने आए।

''मित्रो, चमत्कार केवल श्रीराम की कृपा का पर्याय है। तुम सब आज तक जीवन के सत्य को नहीं समझे। देह और आत्मा की नियमावली से तुम्हारी अनभिज्ञता ही दुःखों का कारण है। शुचिता का तुमने नाम तक नहीं सुना। जानकर भी अनजान बने रहने के कारण ही प्राणी कष्ट उठाता है। इस जीवन को जीने की एक कला होती है, एक योजना होती है। कुछ नियम

होते हैं, जिनका पालन करने से दुःख समीप भी नहीं होते।''

''नारायण, तुम तो आरंभ से ही ज्ञानी रहे हो।'' एक मित्र ने कहा, ''तुम्हारी महानता तो सर्वविदित है। हमें मार्ग दिखाओ।''

''मित्रो, देह और आत्मा दोनों एक-दूसरे के पूरक हैं, फिर भी दोनों में भिन्नता है। देह नश्वर है और आत्मा अविनाशी है। इनमें समानता यह है कि विकार दोनों को अपना लक्ष्य बनाते हैं। लोभ, मोह, अहंकार आदि सब आत्मा के विकार हैं, जो जीव को कितने ही जन्मों तक कष्ट देते हैं। शरीर के विकार जीर्णता है। दोनों का उपचार शुद्धि है। आत्मा की शुद्धि से आत्मा के विकार दूर किए जाते हैं और स्वच्छता से शरीर के। अतः शुचिता धर्म का पालन करने से प्रभु की कृपा संभव है और वही चमत्कार है।''

नारायण ने संयुक्त रूप से आत्म-शुद्धि के उपाय बताए और पृथक्-पृथक् रोगियों को उपचार भी बताए। सबने ध्यान से सुना और मनन करके अनुसरण करने का निर्णय लिया।

इस प्रकार नारायण चार माह तक जांब गाँव में रहे और अपने संदेशों से सभी ग्रामवासियों को लाभान्वित किया।

नारायण ने गाँव में रहकर भी अपनी दिनचर्या में कोई परिवर्तन नहीं किया। वे भोर होते ही नदी पर जाते और कमर तक जल में खड़े होकर गायत्री मंत्र का जाप करते। ग्रामवासी कौतूहल से उनकी साधना को तट पर खड़े होकर देखते, फिर वे हनुमान मंदिर में अपने आराध्य और प्रेरक की पूजा-स्तुति करते। उसके पश्चात् अपने गाँव या आस-पास के गाँव से भिक्षा लेकर आते और स्वयं भोजन बनाकर अपने इष्ट को भोग लगाकर भोजन करते। उनकी ख्याति दूर-दूर तक फैल गई थी और दूर-दूर से विद्वान् आकर उनसे ज्ञान-चर्चा करते थे।

साँझ के समय तट पर हनुमान मंदिर जैसे सत्संग-स्थल बन गया था। रामदास वहीं बैठे होते थे और सैकड़ों नर-नारी उनकी वाणी से कल्याणकारी संदेश सुनने आते थे। लोग प्रश्न करते और सहज ही रामदास उत्तर देते। साधारण गृहस्थों के प्रश्न तो जीवनयापन से ही संबंधित होते थे, जिन्हें

नारायण बड़ी सरलता से समझाते और लोगों को गृहस्थ जीवन में रहते हुए भी मुक्ति प्राप्त करने के उपाय बताते। विद्वज्जनों के प्रश्न गूढ़ और जटिल होते, परंतु रामदास सहजता से सबका विश्लेषण करते और सबको संतुष्ट करते। व्यक्तिगत मोक्ष के प्रश्नों पर वे प्रश्नकर्ता के प्रति कठोर हो जाते और तब उनकी वाणी से देश की दुर्दशा का वर्णन होने लगता। ऐसे ही एक प्रश्नकर्ता के प्रश्न पर समर्थ रामदास मुखर हो उठे।

''मुक्ति प्रत्येक जीव का अधिकार है और वह किसी की दया या दान से प्राप्त नहीं होती। इसमें जीव को 'स्व' को जानने की आवश्यकता होती है। मुक्ति का अर्थ आत्मिक और दैहिक विकारों से छुटकारा पाना होता है। जो जीव स्वयं को संसार से जोड़कर मुक्ति पाता है, वह श्रेष्ठ है। मुक्ति से गुणों का विकास होता है और गुणों का उपयोग लोक-कल्याण के लिए करना ही श्रेयस्कर है। विरक्ति विषयों से होनी चाहिए, लोगों से नहीं। मुक्ति विकारों से होनी चाहिए, समाज-हित से नहीं। क्या आज देश की वर्तमान स्थिति को देखकर हमें विरक्त हो जाना चाहिए? क्या यह त्याग है? क्या यह साधना हो गई?'' रामदास प्रश्नकर्ता को देखकर बोले।

''महाराज, देश की दुर्दशा में परिवर्तन लाने का कार्य तो क्षत्रिय का है, क्योंकि उसकी उदासीनता से ही विधर्मी शासक प्रबल हुए हैं। साधु-संन्यासी इसमें क्या कर सकते हैं?'' प्रश्नकर्ता ने कहा, ''गृहस्थ भी क्या कर सकते हैं?''

''परिवर्तन किसी व्यक्ति विशेष या वर्ग विशेष के प्रयास से नहीं होता। इसके लिए सबको आगे आना होता है। आज क्या क्षत्रिय, क्या ब्राह्मण और क्या वैश्य—सब उदासीन हैं। अपनी राष्ट्रीय अस्मिता को विस्मृत कर ये सभी विधर्मी शासकों के मनोबल को बढ़ा रहे हैं। देश की स्थिति दुर्भिक्ष जैसी हो गई है। लोग उस देश में भूखे मर रहे हैं, जहाँ की भूमि में स्वर्ण भी निकलता है। क्यों? क्योंकि एक तो अन्न उगाने की परिस्थितियाँ ही प्रतिकूल हो रही हैं; दूसरे, मुगल शासकों ने भारतीय जनमानस को बुरी तरह से उद्वेलित कर दिया है। स्वतंत्रता के महत्त्व को मुगल जानते हैं और हम

जानकर भी विस्मृत कर बैठे हैं।''

''महाराज, ऐसी स्थिति में क्या समुचित उपाय होगा?''

''स्वतंत्रता ही एकमात्र उपाय है। पराधीन समाज की उन्नति का स्वप्न भी देखना दिन में तारे देखने के समान है। हम अपनी ही रूढ़ियों के बंधन में जकड़े हुए हैं। चमत्कारों की आशा रखते हैं, भय का आश्रय लेते हैं। ऐसी विषम परिस्थितियों में विकास कैसे संभव है? हमारे नौजवान केवल अन्न-जल के लिए मुगलों की नौकरी करते हैं और उसी में अपना गौरव समझते हैं। अपनी स्वतंत्रता को गिरवी रखकर हर्ष का अनुभव करते हैं। स्वार्थ ने एक-दूसरे के प्रति सभी संवेदनाओं को समाप्त कर दिया है। किसी पर विपत्ति पड़ी है तो सोचते हैं कि हम पर थोड़े ही पड़ी है। कोई इस तथ्य को नहीं समझता कि ज्वर जैसी बीमारी भी एक को आती है तो फिर महामारी बन जाती है, जो एक-एक कर सभी को लीलने लगती है।''

''महाराज, अब तो भगवान् का ही भरोसा है।'' किसी ने कहा।

''सत्य है कि सदैव ही भगवान् का भरोसा रखना चाहिए और यह विश्वास भी रखना चाहिए कि भगवान् कभी निराश नहीं करते; परंतु अपने कर्तव्यों को भी कदापि नहीं भूलना चाहिए। प्रयास करना हमारा कर्तव्य है और जो प्रयास करता है उस पर प्रभु की कृपा अवश्य ही होती है। हमें अपने धर्म और अपने समाज के उत्थान का प्रयास करना चाहिए। हमारे प्रयासों के पीछे भगवान् श्रीराम की शक्ति है—ऐसा विचार रखना चाहिए। श्रद्धा और आस्था की डोर में बँधे श्रीराम तत्काल हमारे उद्धार के लिए दौड़े आएँगे।''

सब लोगों ने सहमति में सिर हिलाया।

''आज हमारे देश की दुर्दशा अवर्णनीय है। हमारा अस्तित्व, अस्मिता और स्वतंत्रता तक सुरक्षित नहीं है। लुटेरों ने हमें हमारे ही घर में बंदी बना लिया है। कायरता हमारी पहचान बनती जा रही है। शत्रु हम पर हँस रहा है। हम स्वयं को बचाने में ही सक्षम नहीं हो रहे हैं। अपनी बहू-बेटियों पर हो रहे अत्याचारों को सहकर अपने पुरुषार्थ को कलंकित कर रहे हैं। हम अपने धर्म का पतन देखकर मौन हैं। मुगलों ने हमारी संपूर्ण स्वतंत्रता पर आधिपत्य

कर निर्भय हो अपने कुत्सित कार्यों का वर्चस्व कर लिया है। हमारे मंदिर सुरक्षित नहीं हैं। हमारी प्राकृतिक संपदा का विनाश हो रहा है। मुगल हमें चौतरफा से लूट रहे हैं। जबकि हम निज स्वार्थों में लीन होकर आँखें बंद किए बैठे हैं।''

सबको रामदास की बातों में सत्य का अनुभव हो रहा था।

''हमें निज स्वार्थों से बाहर आकर सर्वहित की बात सोचनी होगी, इस संकट को किसी वर्ग विशेष पर आया संकट समझने की स्वार्थी सोच से उबरना होगा, क्योंकि यह संकट समूची राष्ट्रीयता का है। इससे निबटना है तो सभी को प्रयास करने होंगे, एकता के महामंत्र को आत्मसात् करना होगा, एकता की शक्ति के महत्त्व को समझना होगा। तभी हम सफल हो सकते हैं।''

अपने परिवार, गाँववालों, मित्रों व अन्य सभी से देश की रुग्ण अवस्था का वर्णन करके रामदास सब लोगों को चैतन्य हो जाने का संदेश दे रहे थे। युवकों को पुनरुत्थान में प्रमुख भूमिका निभाने को उत्साहित कर रहे थे। उनके चार माह के जांब प्रवास में जांब गाँव में एक अनोखी जागरूकता आ गई। नदी के तट पर वह अखाड़ा पुनः आरंभ हो गया, जहाँ कभी नारायण अपने मित्रों के साथ व्यायाम किया करते थे। सभी नर-नारी रामदास के संदेशों से प्रेरित होकर उन नियमों का पालन करने लगे थे, जिनसे आपसी सद्भाव और सहकारिता का विकास हो और भय से निर्भयता की ओर बढ़ा जा सके।

अंत में रामदास ने विचार किया कि वहाँ उनका कार्य पूर्ण हो गया है और अब उन्हें अपने लक्ष्य की ओर बढ़ना होगा। इस संबंध में उन्होंने अपनी माता से बातचीत की।

''माँ, अब मैं आज्ञा चाहता हूँ। मुझे मेरा लक्ष्य पुकार रहा है।''

''नारायण! य··· यह··· तू क्या कह रहा है। इतनी कठिनाई से तो तू आया है और फिर जाने की बात कर रहा है।'' राणूबाई ने घबराकर कहा, ''अपनी माँ के प्रति इतनी निष्ठुरता क्यों?''

''माँ, यह निष्ठुरता नहीं है। यह समय की माँग है। हमारी भारत माता

पराधीनता की बेड़ियों में जकड़ी बेबसी से अपने पुत्रों की प्रतीक्षा कर रही है कि कब उसके लाडले उसे उन बेड़ियों से मुक्त कराने आएँगे। आज मानवता चीत्कार कर रही है। ऐसे में यदि तुम माताएँ ही अपने पुत्रों को अपनी ममता के बंधन में बाँधकर रखोगी तो भारत माता किस प्रकार सुखी हो सकेगी। नहीं माँ, मैंने तेरी गोद में छिपकर रहने के लिए ही जन्म नहीं लिया है। मैंने चमत्कार करके भोले-भाले लोगों की छोटी-छोटी समस्याओं को दूर करके उन्हें बहकाने के लिए साधना नहीं की, अपितु उन्हें संपूर्ण स्वतंत्रता दिलाने के महान् उद्‌देश्य को चुना है।''

''परंतु नारायण, मुगल तो दानवकाल की भाँति हैं। तू अकेला ही उनका सामना कैसे कर सकेगा?'' माँ चिंतित होकर बोलीं।

''माँ, यदि तू अपने पुत्र को इस लक्ष्य की प्राप्ति के लिए देश को सौंप सकती है तो इस देश में लाखों माताएँ ऐसा कर सकती हैं। मैं अकेला नहीं हूँ, मेरे साथ देश की छटपटाती जनता है।''

''यह सही कह रहा है, माँ।'' तभी वहाँ पर गंगाधर आ गए, ''इसकी एक-एक बात ठीक है। वास्तव में, देश दासता की चक्की में पिस रहा है और सामान्य जनजीवन त्रस्त हो रहा है। बहुत सी कठिनाइयाँ हैं। धर्म, अर्थ सभी लुप्त हो रहे हैं। नारायण ने अपना जीवन देश-हित में समर्पित किया है तो हमें भी हँसी-खुशी उसके पवित्र लक्ष्य में सहयोग करना चाहिए। इसे यहाँ रोककर रखने की स्वार्थी सोच से बचना चाहिए। नारायण पर प्रभु श्रीराम की कृपा है, जो उन्होंने इसे महान् कार्य के निमित्त चुना है। हमें तो हर्ष होना चाहिए कि यह हमारा पुत्र है, भाई है, सखा है। जब भी इसका इतिहास लिखा जाएगा तो उसमें हमें भी सम्मानपूर्ण स्थान मिलेगा, अन्यथा इतिहास में हमें स्वार्थी पुकारा जाएगा।''

राणूबाई की आँखें छलछला उठीं। वह कैसे अपने जवान बेटे को ऐसे संकट में जाने की आज्ञा दे देतीं।

''माँ!'' रामदास ने कहा, ''संसार में हर जीव का कोई-न-कोई लक्ष्य होता है। मेरा लक्ष्य जी-जान से अपने देश की वर्तमान दुर्दशा को सँवारने का

प्रयास करना है। मेरी सफलता या असफलता का महत्त्व नहीं है। महत्त्व है कि मैंने अपने प्रयास कितने श्रद्धाभाव से किए। सोए हुओं का जगाने से भी मेरा लक्ष्य आगे बढ़ेगा और मैं यही कार्य निरंतर करते रहना चाहता हूँ। मुझे आशीर्वाद देकर विदा करो।''

राणूबाई ने अपने आँसू पोंछ लिये और गर्व से मुसकरा उठीं।

शीघ्र ही पूरे गाँव में चर्चा फैल गई कि नारायण जा रहा है। लोग दौड़-दौड़कर गंगाधर के सामने एकत्र होने लगे। नारायण की जय-जयकार से वातावरण गुंजायमान हो उठा।

राणूबाई को जैसे सारे संसार का वैभव और समस्त स्वर्गों का सुख मिल गया था। अपने जिस पुत्र पर उन्हें कभी क्रोध आता था, आज वह उनके क्रोध का कारण बना था। नारायण ने गाँव भर में उनका सिर सम्मान से ऊँचा कर दिया था और देश भर में करने जा रहा था। माता ने आज निश्चय कर लिया कि वह अपने नारायण को उस महान् कार्य से नहीं रोकेगी।

''बहू, तनिक आरती का थाल तो ला पूजागृह से।'' माँ ने कहा।

पार्वती ने आज्ञा का पालन किया। माता राणूबाई ने अपने तेजस्वी पुत्र के मस्तक पर तिलक किया और जल छिड़का।

''बेटा, आज मैं सदैव के लिए तेरे प्रति अपनी ममता को वश में रखने का संकल्प लेती हूँ और तुझे अपने देश को अर्पण करती हूँ। जाओ और एकाग्रचित्त होकर देश व धर्म की रक्षा करो। बस, इतना अवश्य करना कि जब मेरा समय पूरा हो तो उससे कुछ समय पहले मेरे पास आकर मुझे अपने हाथों से जल पिला देना, जिससे मैं शांति के साथ यह शरीर छोड़ सकूँ।''

''ठीक है माँ, मैं ऐसा ही करूँगा।'' रामदास ने कहा, फिर उन्होंने अपने रामजी-श्यामजी को दुलारा और श्रेष्ठ से गले मिले। भाभी पार्वती को प्रणाम किया और बाहर आ गए।

घर के बाहर गाँव भर के लोग एकत्र थे।

''नारायण, अब हमें छोड़कर मत जाओ।'' मित्रों ने पुकार की, ''तुम्हारे आने से गाँव में प्रसन्नता आई है। तुमने हम सबको जीने का ढंग सिखाया है।

हमारे अंदर के मनुष्य को जगाया है। आज तुम्हारी ही प्रेरणा से लोग अपने धर्म-कर्म साधने का प्रयास कर रहे हैं। यह सुखद परिवर्तन तुम्हारे ही कारण है।''

''साथियो, इतने स्वार्थी न बनो। यदि मेरे आने से यह सब हुआ है तो मेरा यहाँ आना सार्थक हुआ और श्रीराम की मुझ पर बड़ी कृपा हुई। अब प्रभु की इस कृपा को मैं अपने ही गाँव तक सीमित रखूँ तो यह घोर स्वार्थ होगा। मुझे तो हर भारतीय में ऐसा ही परिवर्तन देखने की इच्छा है और मैं अंतिम श्वास तक अपनी इच्छा-पूर्ति का प्रयास करता रहूँगा। आप सब इस परिवर्तन को सतत रखें। प्रभु श्रीराम पर विश्वास रखें और अपने धर्म की रक्षा करते रहें।''

सबने अपने आदर्श बन चुके रामदास की बात बड़े ध्यान से सुनी और समझी।

यह ज्येष्ठ माह का प्रथम पक्ष था। कड़ाके की धूप पड़ रही थी। रामदास अपने पथ पर बढ़ चले। सभी मित्रों ने रामदास के गले में माला डालकर उन्हें भावभीनी विदाई दी। रामदास आगे बढ़े और सब लोग उनके पीछे-पीछे चल पड़े। बड़ा ही विहंगम दृश्य था, जो स्पष्ट करता था कि रामदास में ऐसी शक्ति थी, जो अपने लक्ष्य को पाने में सामर्थ्यवान् थी। वे लोगों में जागरूकता लाने में निपुण हो चुके थे।

गाँव की सीमा तक सब लोग नारायण के पीछे-पीछे आए।

''बस, इस सीमा के अंदर रहकर अपने जीवन के मूल्यों का भली-भाँति पालन करो। इससे आगे जाने का कार्य मेरा है। स्मरण रखना कि अपने धर्म की रक्षा और अपनी स्वतंत्रता का कोई भी मूल्य चुकाना पड़े तो हमें पीछे नहीं हटना है। श्रीराम सदैव सहायक रहेंगे।''

रामदास आगे बढ़ चले। पीछे खड़ा जनसमूह अब उस संन्यासी योद्धा को नमन कर रहा था, जिसने उन्हें आदर्श जीवन के सूत्र सिखाए थे।

□

स्वराज्य की तैयारियाँ

रामदास ने अपने लक्ष्य की प्राप्ति के लिए जो योजना बनाई थी, उसमें जन-जागरण प्रमुख था और यह उनकी कार्यशैली से भी सिद्ध होता था। संत-परंपरा के अनुसार वे लोगों को मोक्ष-प्राप्ति के साधन मार्गों को कम स्वतंत्रता-प्राप्ति के लिए अधिक प्रेरित करते थे। श्रम, कर्म और तब धर्म का पालन ही उनका संदेश था। वे जानते थे कि जब तक लोग स्वतंत्रता से श्रम और कर्म नहीं करेंगे तो भूखे पेट धर्म का निर्वहण भी कठिन है।

रामदास ने अपने कार्य का आरंभ जांब से ही कर दिया था। वैसे भी, कहावत है कि पहले स्वयं को सुधारो और फिर औरों को उबारो। रामदास ने अपने गाँव से ही जन चेतना का कार्य आरंभ किया। इससे उन्हें दो लाभ हुए। एक तो अपनी वैचारिक क्षमता का अनुभव हुआ कि वे लोगों को अपनी बात समझाने में सक्षम थे और दूसरे, जांब प्रवास के चार मास व्यर्थ नहीं हुए और अपने लक्ष्य में जो विलंब सोचकर वे जांब आए थे, उनकी क्षतिपूर्ति हुई।

जांब से चलकर रामदास महाबलेश्वर पहुँचे। अपने मठ पर जाकर वे अपने दोनों शिष्यों दिवाकर भट्ट और अनंत भट्ट से मिले। दोनों शिष्य अपने गुरु को देखकर प्रसन्न हुए।

''पुत्रो, अब समय आ गया है कि हम सब पूर्ण सक्रिय हो जाएँ। लोगों को जाग्रत् करें और उनमें स्वतंत्रता के प्रति उत्साह का संचार करें। तुम दोनों को अपनी वैचारिक क्षमता से लोगों के अंतर्मन में झाँककर उनको पुनर्जागरण के लिए जाग्रत् करना होगा। उन्हें उनकी वास्तविकता से अवगत कराना

होगा। उनके धर्म के प्रति सचेत करना होगा। एकता की शक्ति और परिणामों के उदाहरण देने होंगे।'' रामदास ने अपने शिष्यों को समझाया।

''जो आज्ञा गुरुदेव!''

''स्मरण रहे कि हम धर्म और देश के हितार्थ एक जागृति अभियान चला रहे हैं और यह हमारी वैचारिक शक्ति से ही होगा। यह राजनीति का रूप है और इसमें गुप्तता का बड़ा महत्त्व है। हमारे हाव-भाव से यह न लगे कि हम कोई आंदोलन चला रहे हैं।''

''हम समझ गए, गुरुदेव। आपकी आज्ञा का अक्षरशः पालन होगा।''

''चिरंजीवी रहो।''

रामदास ने दोनों शिष्यों को समझाकर वहाँ से प्रस्थान किया। वे महाबलेश्वर से वाई आ गए। वाई में उनके विचारों से लोग बहुत प्रभावित हुए। कुछ परिवारों ने तो संयुक्त रूप से रामदासी संप्रदाय की दीक्षा ली। रामदास ने वहाँ हनुमानजी की मूर्ति की स्थापना की और दीक्षित लोगों को श्रद्धा सहित हनुमानजी की पूजा करने को कहा। प्रभु श्रीराम की कृपा हुई और उन लोगों को थोड़े ही समय में धन-लाभ हुआ। फिर तो श्रद्धा और बढ़ गई तथा रामदास ने भी वीर बजरंगी के उस विग्रह का नाम 'रोकड़ा हनुमान' रख दिया। वे लोगों को सहज में समझा देते थे कि महावीर हनुमानजी बल, बुद्धि और विद्या प्रदान करनेवाले हैं। हनुमान मंदिर को प्रायः वे शारीरिक विकास का माध्यम (अखाड़ा) बनाकर युवकों में व्यायाम आदि का उत्साह जगाते। ये सब निर्धारित योजना के अनुसार चल रही क्रियाएँ थीं।

वहाँ से रामदास माहुली पहुँचे और जरडेश्वर के हनुमान मंदिर में प्रवास किया। कुछ दिन तक वहाँ रहकर आस-पास के गाँवों में घूमे और लोगों की भावनाओं को टटोलने का प्रयास किया। यहाँ भी उन्होंने जागृति अभियान जारी रखा और फिर वहाँ से आगे की ओर चल पड़े।

वहाँ से चलकर वे प्रीतिसंगम पहुँचे। प्रीतिसंगम कृष्णा और कोयना नदी के संगम का नाम है। यह अद्भुत संगम स्थल प्रकृति का मानवता को दिया संदेश है कि दो विपरीत मार्गों से आनेवाले समान विचारवाले लोग जब

मिलते हैं तो फिर वे एक मार्ग पर चल पड़ते हैं, जो नवीन होता है तथा विस्तृत होता है। उत्तर दिशा से कृष्णा और दक्षिण दिशा से कोयना आकर कराड़ में मिलती हैं और फिर विलय होकर पूर्व में बहने लगती हैं। रामदास को यह प्रदेश बड़ा सुरम्य लगा और कुछ समय वहीं बिताने का निर्णय किया।

वे संगम के पवित्र जल में अपनी तपश्चर्या करते और पूजा-स्तुति के पश्चात् आस-पास के गाँवों में भिक्षाटन को जाते। इस प्रकार, निरंतर लोगों के संपर्क में रहकर विचारों का आदान-प्रदान करते रहे।

इसी क्षेत्र में शहापुर नामक एक गाँव में उन्होंने एक नितांत कंजूस, नास्तिक और धर्म-विमुख कर्कशा स्त्री सईबाई को अपने विचारों से न केवल धार्मिक बना दिया, अपितु उसे रामदासी संप्रदाय में दीक्षित करके संप्रदाय में स्त्रियों के प्रवेश का मार्ग भी प्रशस्त किया।

यह घटना कुछ इस प्रकार हुई—रामदास प्रतिदिन भिक्षाटन के लिए जाते थे। एक दिन शहापुर भी पहुँचे। शहापुर में बाजीपंत कुलकर्णी थे। बाजीपंत कुलकर्णी बीजापुर के सुलतान की नौकरी करते थे। उन्हीं की कर्कशा, कंजूस और अधार्मिक पत्नी सईबाई थी। वह अपने घर से एक मुट्ठी अन्न भी किसी साधु-संत या भूखे को देने में कष्ट का अनुभव करती थी। संयोग से रामदास ने उसी के द्वार पर जाकर अलख जगाई।

लाल आँखें किए सईबाई तत्काल बाहर आई।

"चल, भाग यहाँ से। बच्चों को दहाड़कर डराएगा। खबरदार, जो फिर कभी मेरे द्वार के सामने से भी गुजरा!" सईबाई ने हाथ नचाकर कहा।

रामदास आगे बढ़ गए। कुछ लोगों को हँसते हुए देखा तो जान गए कि इस स्त्री के कर्कश स्वभाव का सब आनंद लेते हैं।

अब रामदास प्रतिदिन बाजीपंत के द्वार पर अलख जगाते और सईबाई की डाँट-फटकार सुनकर ही आगे बढ़ते। उनके रोज के आने से सईबाई और भी चिढ़ गई थी।

"देख महाराज, रोज-रोज तंग करना छोड़। महात्मा है, इसलिए क्रोध

नहीं दिखाती, अन्यथा मेरे पति सुलतान के दरबार में कुलकर्णी हैं। शिकायत कर दी तो जेल में सड़ोगे। हाँ, कहे देती हूँ।''

रामदास आगे बढ़ गए तो गाँव का एक युवक हँस रहा था।

''महाराज, आप विचित्र हैं।'' युवक बोला, ''इतने दिन से यह स्त्री आपको झिड़क रही है और आप हैं कि इसके ही आटे की रोटी खाना चाहते हैं। हमारा तो खूब मनोरंजन होता है।''

''जैसी प्रभु की इच्छा। रामजी भला करें।''

रामदास भी बहुत हठी थे। उन्होंने भी शहापुर में निवास कर लिया और प्रतिदिन सईबाई की कर्कशता की परख करने लगे।

एक दिन रामदास ने कई बार 'जय श्रीराम' का घोष किया, लेकिन सईबाई बाहर नहीं आई। रामदास ने उसी युवक को देखा।

''भाई, माई आज कहीं गई है क्या?'' रामदास ने गंभीरता से पूछा।

''महाराज, लगता है कि आपको भी उसकी डाँट-फटकार खाने की लत लग गई है, परंतु आज तो वह स्वयं परेशान है।'' युवक ने हँसकर कहा, ''आज पंतजी को सुलतान के आदेश पर गबन के आरोप में पकड़कर बीजापुर ले जाया गया है तो बेचारी दुखी है।''

''पंतजी तो गाँव के पटवारी हैं। वे क्या गबन कर सकते हैं?''

''राम-राम, वे तो सीधे-सच्चे और ईमानदार हैं। आज तक कभी किसी का एक आना भी इधर-उधर से नहीं किया। गाँव में उनका बहुत सम्मान है। किसी ने सुलतान के कान भर दिए हैं कि उन्होंने इस छमाही का लगान गाँववालों से तो वसूल किया, परंतु शाही खजाने में जमा नहीं कराया।''

''परंतु उसकी तो लिखत-पढ़त होती होगी।''

''महाराज, सरकारी काम-काज कौन जाने कैसे होता है। आपको क्या, आप अपने राम-भजन में लगे रहिए।''

रामदास युवक को छोड़कर सीधे सईबाई के घर में जा घुसे, जैसे वह उनका अपना घर था। सईबाई अपने परिवार के साथ उदास बैठी थी।

''जय श्रीराम, माई। माई, सुना है कि कुलकर्णीजी को असत्य आरोप

में सुलतान के सैनिक पकड़कर ले गए?'' रामदास ने पूछा।

''ठीक सुना है। घोर कलियुग आ गया है। सीधे-सादे व्यक्ति का जीना ही कठिन हो रहा है। अब हम सबका क्या होगा?'' सईबाई ने रोते हुए कहा, ''कोई भी सहारा तो नहीं है।''

''माई, रामजी सब भला करेंगे। जीत सदैव सत्य की होती है। यदि आप मुझे एक वचन दें तो मैं पंतजी को निर्दोष सिद्ध करके घर ले आऊँगा।''

''कैसा वचन महाराज? आप जो भी कहेंगे, मैं वही करूँगी।''

''माई, यदि आप अपना कर्कश व्यवहार त्यागकर प्रभु श्रीराम का नाम प्रतिदिन नियम से लेने का वचन दें तो मैं प्रयास करूँ।''

''मैं वचन देती हूँ। यदि मेरे पति सकुशल घर आ जाते हैं तो मैं फिर कभी किसी को कटु वचन नहीं कहूँगी। रामजी के दिन-रात गुणगान गाया करूँगी और आपका भी सदैव आदर करूँगी।''

''ठीक है माई। आज से ग्यारह दिन में पंतजी घर आ जाएँगे।''

रामदास ने उसी दिन से गाँव के प्रत्येक आदमी से मिलकर पंतजी के बारे में जाना। सभी ने उनको ईमानदार बताया। रामदास ने पूरी जानकरी ले ली। फिर वे बीजापुर की ओर चल पड़े। मार्ग में उन्होंने किसी सज्जन से कुरता-धोती लिये और उन्हें पहनकर बूढ़े मुंशी का वेश बनाकर सुलतान के दरबार में जा पहुँचे।

''जहाँपनाह, मैं बाजीपंत शहापुर के कुलकर्णी का मुंशी हूँ।'' रामदास ने सुलतान से अर्ज किया, ''आपके सैनिक मेरे स्वामी को गबन के असत्य आरोप में पकड़कर ले आए हैं। आपके शासन में यदि सच्चे सेवकों पर अन्याय होगा तो आपकी प्रतिष्ठा का क्या होगा?''

''हमारे यहाँ अन्याय नहीं होता।'' सुलतान ने कहा, ''उस पर आरोप है तो उसे वह असत्य सिद्ध करे। उसने शहापुर से इस छमाही का लगान वसूल लिया और उसे शाही खजाने में जमा भी नहीं कराया।''

''जहाँपनाह, अपने अब तक के सेवाकाल में उसने कभी ऐसा नहीं किया। मैं उसके सेवाकाल के सारे बही-खाते लेकर आया हूँ।''

रामदास ने पटवारी के घर से प्राप्त बही-खाते सुलतान को सौंप दिए, जिनमें प्रत्येक छमाही का उस छमाही सहित हिसाब दर्ज था।

''मुंशी, तुमने देखा कि प्रत्येक छमाही के हिसाब के अंत में सरकारी मुहर लगी है, लेकिन इस छमाही पर नहीं।''

''जहाँपनाह, कसूर मुहर लगानेवाले का है। नीयत उसकी बद है। आप गौर फरमाएँ कि इस छमाही के हिसाब के अंत में कागज पर मुहर की छाप का दबाव तो दिखता है, स्याही नहीं।''

सुलतान ने पुनः बारीकी से मुआयना किया तो मुंशी की बात सच ही निकली। मुहर का दबाव कागज के पीछे उभरा था।

''खजाने के मुंशी को दरबार में बुलाया जाए।'' सुलतान ने आदेश दिया।

कुछ ही देर में भय से थरथर काँपता हुआ खजाने का मुंशी आ गया।

''जब बाजीपंत ने इस छमाही का लगान जमा किया था तो क्या मुहर की स्याही खत्म हो गई थी?'' सुलतान ने उसे घूरकर पूछा।

''ज··· जहाँपनाह···, मैं ही लालच में आ गया था।'' खजाने का मुंशी अपनी चोरी पकड़े जाते ही रो पड़ा, ''मैंने लालच में आकर खाली मुहर कागज पर लगा दी और सारा माल खुद ले लिया।''

सुलतान ने तभी बाजीपंत को रिहा करने और दोषी मुंशी को कारागार में डालने का आदेश दिया।

''तुमने बहुत बारीक बात सोची है। तुम्हारा नाम क्या है?''

''मेरा नाम रामदास है, जहाँपनाह।''

''हम तुम्हें अपने खजाने का निगेबाँ बनाना चाहते हैं, मुंशी बनाना चाहते हैं। हमें ऐसे ही ईमानदार और तेज निगाह आदमी की जरूरत है।'' सुलतान ने कहा।

''जहाँपनाह, आप मेरी आयु देख रहे हैं। मैं तो रामजी की सेवा में जाने की प्रतीक्षा कर रहा हूँ। अतः यह जिम्मेदारी आप मुझे न सौंपें।''

''हूँऽऽऽ! फिर कोई इनाम ही माँग लो।''

"आपके शासन में किसी पर कोई अन्याय न हो, बस यही मेरा इनाम है, जहाँपनाह।"

सुलतान ने आश्वासन दिया। रामदास बाजीपंत को लेकर शहापुर की ओर चल पड़े। मार्ग में बाजीपंत ने कई बार पूछा कि स्वयं को उनका मुंशी बतानेवाला वह महापुरुष कौन है।

"मैं तो रामजी का सेवक हूँ।" रामदास ने बताया और फिर गाँव की सीमा से कुछ दूर पहले ही उन्होंने लघु शंका का बहाना किया और पेड़ों की घनी कतार में छिपते हुए अपने ठिकाने पर जा पहुँचे।

बाजीपंत ने बहुत देर तक प्रतीक्षा की। इधर-उधर खोजा भी, फिर थक-हारकर अपने घर पहुँच गए। सईबाई बहुत प्रसन्न हुई।

"वह कौन था, जिसने मुझे निर्दोष सिद्ध किया, स्वयं को मेरा मुंशी कहा और मेरे बही-खातों में से ही चोर पकड़कर सुलतान के सामने ले आया?"

"अवश्य वही होंगे।" सईबाई ने हाथ जोड़े, "मैं कितनी दुष्टा हूँ, जो प्रतिदिन ऐसे सामर्थ्यवान् साधु को बुरा-भला कहती थी। मैं आज से उनका दिया वचन निभाऊँगी।"

"कुछ हमें भी तो बताओ?" बाजीपंत ने पूछा।

"वे प्रतिदिन हमारे द्वार पर भिक्षा लेने आते थे और मैं उन्हें गालियाँ देती थी। जिस दिन आपको सैनिक पकड़कर ले गए, उस दिन तो वे घर के अंदर आ गए और मुझसे वचन लिया कि यदि मैं अपना कुटिल व्यवहार छोड़कर नियम से राम नाम जपूँ तो वे आपको छुड़ाकर ले आएँगे। मैंने वचन दिया तो वे कल फिर आए और आपके हिसाब की बही माँगी तथा उसे देखकर अपने साथ ले गए।" सईबाई ने पूरी श्रद्धा से बताया।

"वे स्वयं को रामजी का सेवक बता रहे थे, परंतु हमारे लिए तो वे स्वयं रामजी ही थे।" बाजीपंत ने सजल नेत्रों से कहा, "हम तो कभी स्वयं को निर्दोष सिद्ध नहीं कर पाते।"

"वे आपको लेकर आए थे तो कहाँ रह गए?" सईबाई ने व्यग्रता से पूछा।

''पता नहीं। ऐसे अंतर्धान हो गए जैसे साथ में थे ही नहीं। मैंने बहुत खोजा, परंतु नहीं मिले।''

''भगवान् ऐसे ही आते हैं। वे भक्तों की रक्षा करते हैं और चले जाते हैं।''

उस दिन सईबाई ने संकल्प ले लिया कि वह कभी किसी से द्वेष नहीं रखेगी और न किसी को दुर्वचन कहेगी। वह उसी क्षण रामभक्त हो गई। उसके व्यवहार में मृदुलता आ गई। आसपास के लोग आश्चर्यचकित रह गए, जब वह सबसे पूछती फिरती कि उन लँगोटीवाले को देखा है।

अगले दिन वह सायंकाल राम भजन में डूबी थी।

''जय श्रीराम!'' एकाएक तेज स्वर में जयघोष हुआ।

सईबाई पागलों की भाँति बाहर की ओर दौड़ी। उसके पीछे बाजीपंत भी दौड़ पड़े। वे समझ गए थे कि कौन आया है। रामदास बाहर खड़े थे। दोनों पति-पत्नी उनके चरणों में नत हो गए। रामदास ने उन्हें प्रेम से उठाया और स्नेह से उन्हें निहारा।

''महाराज, हमें अपनी शरण में लीजिए।'' बाजीपंत ने कहा।

''हाँ महाराज, हमें अनुग्रह प्रदान करने की कृपा करें।'' सईबाई ने भी विनती की।

रामदास ने उन्हें रामदासी संप्रदाय की दीक्षा दी।

इस प्रकार सईबाई संप्रदाय की प्रथम महिला शिष्या हुई।

शहापुर और आस-पास के गाँवों में रामदास की ख्याति फैल गई। रामदास ने शहापुर में ही अपना पहला हनुमान मंदिर बनवाया, जो उनके ग्यारह मंदिरों में से पहला है। वहाँ उन्होंने बहुत दिनों तक निवास किया। कराड़ क्षेत्र का पर्वतीय सौंदर्य उन्हें बहुत पसंद आया और वहाँ के लोगों में नवचेतना जगाने की संभावना भी अधिक रही।

सईबाई के अतिरिक्त कराड़ के दासीपंत देशपांडे की बाल विधवा पुत्री चिमनबाई, जिसे सभी स्नेह से 'आक्का' भी कहते थे, वह रामदासी संप्रदाय से ही दीक्षित हुई। वहाँ से रामदास कोल्हापुर पहुँचे और वहाँ की गोपाजी

पंत की बाल विधवा पुत्री वेणाबाई पर भी अनुग्रह किया और उसकी ससुराल मिरज गाँव में मठ की स्थापना करके वेणाबाई को वहाँ का मठाधीश बनाया। वहीं कोल्हापुर में अंबा देवी के मंदिर में कीर्तन करते हुए रामदास की भेंट वहाँ के सूबेदार पाराजी पंत से हुई। पाराजी पंत भी रामदास के शिष्य बन गए। उन्हीं की बहन रखमाबाई अपने दो पुत्रों अंबाजी और दत्तात्रेय के साथ रामदासी संप्रदाय में दीक्षित हुईं। रामदास ने उन पर भी अनुग्रह किया और कराड़ के शिरगाँव में मठ की स्थापना करके दत्तात्रेय को वहाँ का मठाधीश बनाया और रखमाबाई को भी वहीं रहने दिया। यह वर्ष 1645 का समय था।

रामदास ने कराड़ से प्रस्थान किया और माहुली होते हुए मसूर आ गए। वहाँ के एक प्राचीन मंदिर में रहकर उन्होंने मसूर के लोगों का विश्वास जीता और उनमें साहस पैदा किया। यह आदिलशाही जागीर का गाँव था, जहाँ आदिलशाह का भय व्याप्त था। रामदास ने अपने प्रयत्नों से लोगों को चैतन्य किया और राम मंदिर का जीर्णोद्धार करवाकर उसके समीप ही हनुमान मंदिर का भी निर्माण कराया। रामदास की वाणी और वैचारिक शक्ति का ही चमत्कार था कि मसूरवासी निर्भय होकर राम-नाम की जय-जयकार करते हुए मंदिर के निर्माण कार्य में जुटे हुए थे। इस नवचेतना ने सब में नवस्फूर्ति एवं नई सोच का संचार कर दिया था।

रामदास इस नवचेतना को स्थायी और शक्तिशाली बनाना चाहते थे, इसलिए उन्होंने रामनवमी का उत्सव धूमधाम से मनाने और सीता व राम, लक्ष्मण की मूर्तियों को रथयात्रा द्वारा भ्रमण कराने की राय देकर गाँववालों में और भी नवीन उत्साह का संचार किया।

यहाँ एक समस्या सामने आई। गाँव के एक रास्ते पर पुराना कुआँ था और उस पर एक बड़ा पेड़ था, जिसकी एक शाखा मार्ग को रोकते हुए बढ़ गई थी।

''महाराज,'' एक युवक ने कहा, ''वहाँ से यात्रा नहीं निकलेगी। वह वृक्ष की शाखा तो पूरे मार्ग को घेरे हुए है।''

''भगवान् का मार्ग रोकने की शक्ति किसी में नहीं है। हम राम के सेवक

हैं। यदि राम-यात्रा के मार्ग में कोई बाधा है तो हमें उसे हटाना होगा।''

''बिना दरबार की अनुमति लिये उस शाखा को काटा नहीं जा सकता और रामयात्रा के लिए ऐसी अनुमति नहीं मिलेगी।''

''बच्चा, जिसकी अनुमति से सारा जगत् चलता है, उसे अनुमति कौन नहीं देगा! अनुमति हम लाएँगे।'' रामदास ने कहा।

सब लोगों ने जय-जयकार की। रामदास उसी समय संबंधित अधिकारी से मिले तो उसे अपनी इच्छा बताई। यह रामदास के व्यक्तित्व और वाणी का ही प्रभाव था कि अधिकारी ने अनुमति दे दी।

रामदास गाँव पहुँचे। सबको यह जानकर बड़ा हर्ष हुआ कि अनुमति मिल गई है। सबने जय-जयकार की। अब समस्या शाखा को काटने की थी। शाखा कुछ ऐसे स्थान पर थी कि काटनेवाला बिल्कुल कुएँ के ऊपर रहनेवाला था। रामदास के साथ उनका शिष्य अंबाजी भी था, जो कोल्हापुर से ही उनके साथ आया था।

''बेटा अंबादास, तनिक चढ़ तो सही पेड़ पर और इस विघ्न को हटाकर रामजी का मार्ग साफ कर।'' रामदास ने पुकारा।

''जो आज्ञा, गुरुदेव।'' अंबाजी तत्काल कुल्हाड़ी ले निर्भय होकर पेड़ पर चढ़ गया और उस शाखा को काटने लगा।

कुछ ही देर में शाखा कट गई, लेकिन तभी हवा के झोंके से अंबाजी का संतुलन बिगड़ा और वह कुएँ में जा गिरा। ऊपर से वह शाखा भी कुएँ में ही जा गिरी। सब लोग भय से जड़ हो गए।

''बेटा, कल्याण तो है?'' रामदास ने आवाज दी।

''आपकी कृपा से सब कल्याण है।'' आवाज आई।

''तो बाहर आ जा, कल्याण!''

अंबाजी वृक्ष की शाखा के सहारे कुएँ से बाहर आ गया।

समर्थ रामदास ने अंबाजी को उसी दिन उसका नया नामकरण किया और उसे 'कल्याण' का नाम दिया। कल्याण की अपने गुरु में अत्यंत श्रद्धा थी और वह अपने गुरु की सेवा में सदैव तत्पर रहता था। कल्याण ने ही

समर्थ रामदास की वाणी, काव्य और ग्रंथ का रूप दिया।

मसूर की रथयात्रा बड़ी धूमधाम से संपन्न हुई। राम, लक्ष्मण और सीता की मूर्तियों को रथ में बिठाकर गाँववालों ने रथ खींचा तो एक विचित्र सा धार्मिक उत्साह लोगों में भर गया था। 'जय श्रीराम' के उद्‌घोष से वातावरण गुंजायमान हो उठा। यह एक बहुत बड़ी उपलब्धि थी। यह समर्थ रामदास के प्रयासों से ही मिली। जिस आदिलशाही में लोग पूजा और त्योहार भयभीत होकर साधारण ढंग से मनाते थे, आज उसमें वह भव्य रथयात्रा और लोगों का धार्मिक उत्साह देखते ही बनता था। यहाँ तक कि कुछ जोशीले नवयुवक तो निर्भय होकर 'आदिलशाह मुर्दाबाद' के नारे भी लगाने लगे थे। समर्थ रामदास इस परिवर्तन पर आनंदित थे।

मसूर में समर्थ रामदास का कार्य संपन्न हो गया था। वहाँ के पुनर्जागरण को सतत चलाने का भार उन्होंने मसूर के ही उत्साही युवकों पर डाल दिया था। मुगल सल्तनत के विरुद्ध चल रहा यह स्वतंत्रता का आंदोलन समुचित ढंग से आरंभ हुआ था। समर्थ रामदास की योजना निरंतर सफल हो रही थी।

अब समर्थ रामदास अपनी कर्मभूमि के बिल्कुल समीप थे। मसूर से कुछ ही किलोमीटर की दूरी पर शाहजी भोंसले की स्वतंत्र हिंदू जागीर की सीमा आरंभ हो जाती थी। मसूर से चलकर समर्थ रामदास अपने प्रिय शिष्य कल्याण को लेकर चाफल नामक गाँव में पहुँचे। यह गाँव मराठा वीर शाहजी भोंसले की जागीर में ही था। इसकी भौगोलिक और प्राकृतिक सुंदरता ने समर्थ रामदास का मन मोह लिया और पूर्व निर्धारित योजना के अनुसार उन्होंने चाफल में ही रामदासी संप्रदाय का मुख्यालय स्थापित करने के प्रयास कर दिए।

चूँकि चाफल एक हिंदू पदशाही जागीर थी, अतः समर्थ रामदास ने शीघ्र ही लोगों में अपना प्रभाव जमा लिया। उनकी वाणी ने लोगों को उनकी ओर आकर्षित किया तो उनके विचार और योजनाओं ने चाफलवासियों को एक नए युग-निर्माण के प्रति आशान्वित और प्रेरित किया।

उन दिनों मुगल शासक धर्म के प्रति बड़े असहिष्णु थे। इसी कारण

यदि कहीं किसी नए मंदिर का निर्माण होता था तो वह छोटा ही होता था। लोग मुगलों के भय से बड़ा व भव्य मंदिर नहीं बनाते थे।

समर्थ रामदास ने चाफल के लोगों में यही विश्वास भरा कि अपने धर्म के प्रति निर्भय बन जाओ। यद्यपि कुछ बुजुर्ग भयभीत थे, परंतु युवा वर्ग ने उत्साह में भरकर कार्य संपन्न करने का संकल्प लिया। चाफल में एक भव्य और बड़े राम मंदिर के निर्माण हेतु प्रस्ताव पारित हो गया। चाफलवासियों ने मंदिर के लिए पुराने मरघट की जमीन दे दी थी।

उन दिनों ग्रामीण परिवेश में पूजा-पद्धति भी विचित्र ही थी। लोग मंदिरों में देवमूर्तियों के बजाय किसी पत्थर को सिंदूर से पोतकर, उसे अपना देवता मानकर गाँव के बाहर रख लेते और उसी की पूजा आदि करते। मजेदार बात यह होती थी कि गाँव के प्रत्येक घर या परिवार का अलग पाषाण देव होता था, यद्यपि ये सब तथाकथित पुते हुए देवता एक ही स्थान पर निवास करते थे।

चाफल में पुराने श्मशान में ऐसे सैकड़ों पुते हुए पाषाण देव थे। समर्थ रामदास ने सभी गाँववालों को सामूहिक रूप से सहमत कर पहले उन तथाकथित देवताओं को समीप बह रही माँड नदी में विसर्जित कराया। यह गाँव की पृथक् पूजावाद धारणा को समाप्त करने की दिशा में उठाया गया पहला कदम था। फिर समर्थ रामदास ने श्मशान की सफाई के लिए झाड़ू उठाई तो उनका अनुसरण करते हुए सैकड़ों हाथ इस कार्य में जुट गए।

मंदिर के निर्माण का कार्य आरंभ हुआ। लोगों का उत्साह देखते ही बनता था। बच्चे-बूढ़े, स्त्री-पुरुष सब भगवान् का प्रसाद बनाने में सहयोग कर स्वयं को धन्य कर रहे थे। कुछ ही दिनों में एक बड़ा मंदिर बनकर तैयार हो गया। समर्थ रामदास का हृदय इस सफलता पर अभिभूत हो रहा था।

"रामभक्तो," समर्थ रामदास ने गाँव वासियों को संबोधित किया, "आप सबने दिखा दिया कि मन में संकल्प और परस्पर सहयोग की भावना हो तो कोई भी कार्य असंभव नहीं है। एकता और श्रम के इस अद्भुत संगम ने हमारे हृदयों में एक नए युग के निर्माण की आशा जाग्रत् कर दी है।"

''गुरुजी!'' एक उत्साही युवक ने कहा, ''अब इस विशाल मंदिर के लिए भगवान् श्रीराम की विशाल मूर्ति ही चाहिए, तभी तो हमारा श्रम पूर्ण होगा। छोटी-छोटी मूर्तियाँ रखने से मंदिर की शोभा नहीं होगी।''

''घबराओ मत, बेटा, हमने अपना कार्य कर दिया है। अब तो प्रभु श्रीराम इसमें रहने स्वयं आएँगे। कहाँ से आएँगे, यह प्रेरणा श्रीराम हमें स्वयं देंगे।'' समर्थ रामदास ने विश्वासपूर्वक कहा।

''महाराज,'' एक बुजुर्ग ने कहा, ''मूर्तियाँ तो हैं, परंतु उन्हें खोजने में बहुत प्रयास और श्रम करना होगा।''

''अरे, प्रभु श्रीराम ने आपको प्रेरणा कर अपना वर्तमान पता तो बता ही दिया। रही श्रम और प्रयास की बात, तो हम रामभक्त कब काम आएँगे, आप हमें बताइए?'' समर्थ रामदास ने उत्साह से कहा।

''यहाँ से 20 किलोमीटर दूर कृष्णा और उर्वशी नदी के संगम के गहरे जल में बहुत समय पहले मुगलों ने बहुत सी मूर्तियाँ जलमग्न कर दी थीं। यद्यपि कार्य बहुत कठिन है, क्योंकि इतनी गहराई के जल में उतरना असंभव प्रतीत होता है।'' बुजुर्ग बोला।

''श्रीराम सब संभव करेंगे। कुछ लोग हमारे साथ चलो।''

तत्काल उत्साही युवकों का एक दल समर्थ रामदास के साथ संगम पर पहुँचा। समर्थ रामदास सर्वगुण-संपन्न थे और प्रभु श्रीराम की उन पर असीम कृपा थी। उन्होंने 'जय श्रीराम' का जयघोष करके संगम के गहरे जल में छलाँग लगा दी। युवा दल अपने उस योद्धा संन्यासी के साहस और श्रद्धा पर चकित रह गया और 'जय श्रीराम' का सम्मिलित जयघोष करके प्रभु से उनकी सफलता के लिए प्रार्थना की।

कुछ समय व्यतीत हुआ और युवाओं में उस समय आनंद सा छा गया, जब उन्होंने समर्थ रामदास को भुजाओं में एक बड़ी मूर्ति उठाए जल से बाहर आते देखा। मूर्ति देवी की थी। समर्थ ने बाहर आकर मूर्ति युवकों को सौंपी और पुनः जल में उतर गए। युवाओं ने उस महान् समर्थ संन्यासी को जयघोषों के साथ प्रणाम किया। इस बार कुछ अधिक समय लगा तो, परंतु समर्थ

रामदास जल की गहराइयों से खोजकर जो मूर्ति लेकर बाहर आए, वह प्रभु श्रीराम की थी। वह मूर्ति बड़ी सुंदर और विशाल थी।

आस्था और श्रद्धा को इच्छित परिणाम में बदलते देखकर लोगों में एक विचित्र सा उत्साह था। वे वहाँ श्रीराम की ही खोज में आए थे और गहरे जल में से समर्थ रामदास ने उन्हीं की भव्य मूर्ति प्राप्त की तो इससे साफ स्पष्ट था कि अनाथों के नाथ, सर्वतारणहार प्रभु श्रीराम स्वयं उस मंदिर में प्रतिष्ठित होने की इच्छा से आए थे, जो चाफलवासियों की आस्था और श्रम का अद्‌भुत प्रमाण था।

समर्थ रामदास ने प्रभु श्रीराम की उस मूर्ति को हृदय से लगाकर जल से बाहर पाँव रखे तो उनके साथियों ने 'जय श्रीराम' के घोष से आस-पास का वातावरण गुंजायमान कर दिया था।

समीप ही अंगापुर नाम का गाँव था। वहाँ से कुछ लोग दौड़े-दौड़े चले आए और जाना कि चाफल में जो मंदिर का निर्माण हुआ है, उसके लिए मूर्तियाँ खोजी गई हैं।

"हम ये मूर्तियाँ नहीं ले जाने दे सकते।" अंगापुरवासी बोले, "क्योंकि ये मूर्तियाँ हमारे गाँव की सीमा में मिली हैं। अतः इनकी स्थापना हमारे ही गाँव में होगी।"

चाफल के युवा क्रोध से भड़क उठे तो समर्थ रामदास ने उन्हें शांत किया और सबको लेकर चाफल लौट चले।

"गुरुजी, यह उचित नहीं हुआ।" एक युवक क्रोधावेश से बोला, "श्रम हमने किया और अधिकार उन लोगों ने जमा लिया। आप आज्ञा दें तो हम बल से उन लोगों से मूर्तियाँ छीन लाएँगे।"

"बेटा, भगवान् पर सबका वैसा ही अधिकार है, जैसा भगवान् का हम पर है। श्रीराम की इच्छा होगी तो वह चाफल आ जाएँगे।"

सबको समझा-बुझाकर समर्थ रामदास गाँव लौट आए। यह समाचार सुनकर चाफल के लोगों में और भी आक्रोश फैल गया और वे लोग अंगापुर वासियों से भिड़ने के लिए तैयार हो गए। समर्थ रामदास लोगों में धर्म के

प्रति ऐसी ही जागरूकता चाहते थे, परंतु आपसी झगड़े को नितांत गलत बताते थे।

"भाइयो, आप लोग अकारण ही क्रोधित हो रहे हैं। अपनी शक्ति और बल को व्यर्थ ही उग्र रूप देना रामभक्तों को शोभा नहीं देता। अपनी श्रद्धा और श्रम पर विश्वास रखो। प्रभु श्रीराम ने जिस प्रकार पहले हमारी खोज पूरी की है, वैसे ही यहाँ पधारने की इच्छा भी पूर्ण करेंगे।" समर्थ रामदास ने ग्रामवासियों को समझाया।

कुछ लोग सहमत होकर निश्चिंत हो गए और कुछ अपने आक्रोश को लेकर बैठ गए। उस रात चाफल में विचित्र वातावरण रहा।

प्रात:काल होने पर समर्थ रामदास तो अपनी साधना हेतु नदी के जल में उतर गए, जबकि कुछ अंगापुरवासी वहाँ हाथ जोड़कर आ गए।

"भाइयो!" अंगापुर का मुखिया बोला, "हमें क्षमा कर दो, जो हमने आपके साथ ऐसा व्यवहार किया। वे मूर्तियाँ आपने खोजी हैं और वे आपके ही श्रद्धा-बंधन में हैं। हम गाँववालों ने उन्हें संगम से उठाकर गाँव में लाने का भरसक प्रयास किया, परंतु वे अपने स्थान से टस से मस नहीं हुईं। हमें सीख मिल गई कि प्रभु अपनी इच्छा से आपके साथ आना चाहते हैं। आप सब हमें क्षमा कर दें और उन मूर्तियों को यहाँ लाकर स्थापित करें।"

चाफलवासी यह वृत्तांत सुनकर हर्ष और आश्चर्य में पड़ गए। समर्थ रामदास के प्रति उनकी श्रद्धा और भी बढ़ गई।

"गुरुजी अभी पूजा में व्यस्त हैं। उनके आदेश के बिना हम कुछ नहीं कर सकते। आप लोगों को प्रतीक्षा करनी होगी।" एक युवक ने कहा।

वे लोग वहीं बैठ गए। उन्होंने चाफलवासियों के मुँह से समर्थ रामदास के धार्मिक और सामाजिक विचार सुने तो उनके हृदय भी समर्थ के प्रति श्रद्धा से भर गए। मध्याह्न तक समर्थ रामदास की पूजा चली और तब वे उनके पास आए। सबने उन्हें प्रणाम किया।

"रामजी ने भेजा होगा।" समर्थ रामदास ने मुसकराकर कहा, "चलो भाई, अपने रामजी को लेने चलते हैं।"

लोगों ने हर्ष के साथ समर्थ रामदास और प्रभु श्रीराम की जय-जयकार की। फिर लोग समर्थ के साथ संगम पर पहुँचे, जहाँ दोनों मूर्तियाँ रखी थीं। वहाँ अंगापुर के भी बहुत से लोग उपस्थित थे। समर्थ रामदास ने मूर्तियों के चरण-स्पर्श किए और दोनों को उठाकर अपने कंधों पर रख लिया। यह देख अंगापुरवासी स्तब्ध रह गए। चाफलवालों ने अपने योद्धा संन्यासी की जय-जयकार से आकाश गुंजायमान कर दिया।

रामदास उन मूर्तियों को लेकर चाफल की ओर चल पड़े। उनके पीछे दोनों गाँवों के लोग 'श्रीराम जय राम जय-जय राम' का मधुर संकीर्तन करते हुए पूर्ण भक्तिभाव से चल रहे थे। बड़ा ही विहंगम दृश्य था।

चाफल पहुँचकर इस दृश्य में और भी उत्साह व आनंद की वृद्धि हुई। फिर बड़े ही आनंदोत्सव के साथ समर्थ रामदास ने नव-निर्मित मंदिर में दोनों मूर्तियों की विधिवत् स्थापना की। चाफल धर्ममय हो गया। चहुँओर श्रीराम के नाम की गूँज सुनाई दे रही थी।

समर्थ रामदास ने अगले ही वर्ष सन् 1649 में चाफल में दो हनुमान मंदिरों का भी निर्माण कराया। इनमें से दास मारुति मंदिर भगवान् श्रीराम की मूर्ति के सामने और वीर मारुति का मंदिर श्रीराम के पीछे की ओर स्थापित किया गया। समर्थ रामदास द्वारा निर्मित ग्यारह प्रसिद्ध मंदिरों में से तीसरे और चौथे मंदिर यहीं हैं। वास्तव में, समर्थ रामदास का मुख्य उद्देश्य युवाओं में शारीरिक विकास का भाव दृढ़ करना था, अतः वे इन हनुमान मंदिरों को व्यायामशाला के रूप में विकसित करने पर जोर देते थे।

समर्थ रामदास ने लोगों में धर्म के प्रति उत्साह जाग्रत् किया और धार्मिक त्योहारों को धूमधाम से मनाने के लिए प्रेरित किया। रामनवमी और हनुमान जयंती के अवसर पर चाफल में जो उत्सव होता था, वह बहुत भी भव्य और मनोहारी होता था। वह आज तक भी होता आ रहा है।

समर्थ रामदास ने लोगों में देश-प्रेम और धर्म-पालन की भावना का एक साथ विकास करके धर्म और शक्ति का समन्वय कर दिखाया था। चाफल में राम मंदिर के निर्माण के पश्चात् जब प्रथम रामनवमी का उत्सव

मनाया गया तो आस-पास के गाँवों से हजारों रामभक्त उस उत्सव में श्रद्धापूर्वक सम्मिलित हुए। समर्थ रामदास ने चाफल प्रवास में अपने शिष्यों को दूर-दूर तक पुनर्जागरण अभियान के लिए भेजा। उन्होंने अपनी काव्यात्मक शैली में बड़ी ओजपूर्ण रचनाएँ लिखकर लोगों को झकझोरकर रख दिया। उनके शिष्य गाँव-गाँव जाकर इन रचनाओं को जोश के साथ गाते और लोगों में ओज पैदा कर देते थे।

समर्थ रामदास के काव्य का सार संदेश यह होता था—

"परमात्मा की इच्छा को सर्वोपरि मानते हुए शत्रु दल पर गरजकर टूट पड़ो और धर्म की रक्षा करते हुए शत्रु का विध्वंस कर दो। यदि इस धर्मयुद्ध में वीरगति भी प्राप्त हो तो उसकी यशोगाथा परलोक साथ जाएगी। हमारे देवता हमारे प्राण हैं और इन प्राणों की रक्षा आवश्यक है। इनकी रक्षा में यदि हम मृत्यु को प्राप्त हुए तो यह हमारी सच्ची भक्ति का प्रतीक होगा। हमारी भक्ति गाथा अखिल ब्रह्मांड में गाई जाएगी।"

प्रथम जन्मोत्सव को धूमधाम से मनाने के लिए और दूर-दूर तक धर्म-जागरण की गूँज पहुँचाने के उद्देश्य से समर्थ रामदास ने एक और सार्थक योजना का निरूपण किया।

"शिष्यो, हमें अपने रामलला का जन्मोत्सव इतनी धूमधाम से मनाना है कि हमारे शत्रुओं को भी इसकी भव्यता पर आश्चर्य हो जाए। हम इस उत्सव के माध्यम से यह संदेश देना चाहते हैं कि अब भारत का हर नागरिक अपने धर्म की रक्षा में अपना शीश कटाने को तत्पर है और अब हम शठ के साथ शठी व्यवहार करने में भी नहीं हिचकेंगे।"

"जय श्रीराम!" शिष्य समूह ने समर्थन में कहा।

"इसके लिए हमें इन क्षेत्रवासियों को इस उत्सव से जोड़ना है। गाँव-गाँव और घर-घर जाकर इस महोत्सव की भव्यता हेतु लोगों को जाग्रत् करना है और उससे तन-मन-धन का सहयोग लेना है। जिसकी जो भी श्रद्धा हो, वह रामलला के जन्मोत्सव में अर्पण करे।"

फिर क्या था, शिष्य समूह 'जय श्रीराम' का जयघोष करते हुए निकल

पड़ा। हर गाँव और हर घर को इस महोत्सव के बारे में बताया गया। यह रामदास के विलक्षण विचारों का प्रताप और भगवान् श्रीराम की असीम अनुकंपा ही थी कि उस समय में धर्म-पालन में भयभीत हिंदू समाज ने सब निकाल फेंका और जिसकी जो श्रद्धा व सामर्थ्य थी, बढ़-चढ़कर आर्थिक सहयोग दिया। इसके साथ ही सबने उस महोत्सव में तन-मन-धन से भाग लेने का संकल्प किया।

कुछ शिष्यों ने, जो शासन में अधिकारी पद पर थे, राय दी कि उस महोत्सव के लिए शासन से भी आर्थिक सहायता ली जाए; परंतु समर्थ रामदास ने स्पष्ट मना कर दिया।

''यह महोत्सव समाज के धर्माभिमान की कसौटी है।'' समर्थ रामदास ने कहा, ''और इस पर खरा उतरकर हमारा समाज शासन को अपने जाग्रत् हो जाने की सूचना देगा। जब समाज जाग्रत् होता है तो शासन में हलचल मच जाती है। अच्छा शासक अपने समाज के साथ खड़ा हो जाता है, जबकि बुरा शासक भयभीत होकर उसके दमन के उपाय सोचता है। अत: यह समय शासन की परख करने का है, संसार को अपने इरादों से अवगत कराने का है।''

समर्थ रामदास के कथन के पीछे छिपी सत्यता को सबने समझ लिया और असंख्य शिष्य समूह ने श्रीराम की कृपा का विश्वास करके लोगों को प्रेरित किया। लोगों ने भी जी भरकर सहयोग किया।

कहा जाता है कि उस महोत्सव के लिए लोगों की इतनी आर्थिक सहायता मिली कि लोग भौचक्के रह गए। ढेरों के ढेर गेहूँ, चावल, ज्वार, बाजरा और फल-सब्जी एकत्र हो गए। घी, तेल, मिर्च-मसालों का भंडार जमा हो गया। महाभोज की तैयारी हो गई और सहयोग अभी भी आ रहा था। समर्थ रामदास ने पर्याप्त व्यवस्था देखकर अपने शिष्यों को सहयोग माँगने से रोका। अब चाफल गाँव में महोत्सव में भाग लेने दूर-दूर से लोग आ रहे थे। लोग आते ही समर्थ रामदास को दंडवत् प्रणाम करते और फिर जिसको जो काम मिलता, उसी में जुट जाता। कितने ही लोग तो आम्रपत्रों से विशाल प्रांगण में बंदनवार बाँध रहे थे। कितने ही लोग अन्न को पीसकर

आटा बना रहे थे। यह धार्मिकता का ऐसा विहंगम दृश्य था, जिसे देखकर स्वर्ग के देवता भी हर्षित हो रहे होंगे।

रामनवमी के दिन का उत्साह देखते ही बनता था। उत्सव-प्रांगण में बच्चे-बूढ़े, युवक-युवतियाँ और साधु-महात्माओं का बेजोड़ संगम था। चारों ओर 'जय श्रीराम' की ध्वनि ही गूँज रही थी। उत्सव में आदिलशाही के अधिकारी भी श्रद्धा भाव से आए थे। आज उन्हें तनिक भी भय नहीं था कि वे मुगल शासक के नौकर हैं और इस आयोजन में सम्मिलित होने पर उन्हें शासन का कोपभाजन बनना पड़ सकता है। विशाल जन-समूह में साधारण जन की भाँति सरदार बाजी घोरपड़े और सूबेदार दिनायतराव देशपांडे उत्सव में कार्य कर रहे थे। महाभोज में कतारों-की-कतारें बैठ गईं। शिष्य समूह ने सब व्यवस्था सँभाल ली थी। अधिकारीगण हाथों में जलपात्र लेकर लोगों को जलपान करा रहे थे। इस आयोजन में वर्गों का भेदभाव नहीं था, अपितु धनी-निर्धन की एकरस पहचान थी। समर्थ रामदास ने आज भेदभाव के कुटिल विकार को पराजित कर दिया था।

यह आयोजन पूर्णतः सफल रहा और समर्थ रामदास के धर्माभ्युदय के महान् लक्ष्य में शक्तिशाली नींव बना। इस महोत्सव में समर्थ रामदास ने जो विचार व्यक्त किया कि अच्छे शासक अपने समाज के अच्छे कार्य में साथ आ खड़े होते हैं, यह तत्कालीन मराठा शिरोमणि छत्रपति शिवाजी के संबंध में था और समर्थ रामदास को आशा भी थी कि इस महोत्सव में वे अवश्य आएँगे; परंतु यह वही समय था, जब आदिलशाह ने शाहजी भोंसले को बंदी बनाकर कारागृह में डाल दिया और शिवाजी उनको मुक्त कराने के उपायों में अपनी राजधानी राजगढ़ में व्यस्त थे। समर्थ रामदास को भी शाहजी भोंसले के कारावास में जाने की सूचना मिल गई थी। अतः महोत्सव में शिवाजी के न आने से उन्हें विशेष कष्ट न हुआ।

समर्थ रामदास जानते थे कि देर-सबेर उस धर्माभ्युदय आंदोलन का नेतृत्व करने शिवाजी आ जाएँगे। उन्हें परिस्थितियों का भी सम्मान करना आता था। स्वतंत्र हिंदू जागीर में राजनीति की ऐसी परिस्थितियाँ स्वाभाविक

ही थीं। अत: समर्थ रामदास ने प्रभु श्रीराम की इच्छा और उचित समय की प्रतीक्षा को सर्वोपरि माना।

उन्होंने अपने कार्य को निर्बाध गति से चलने दिया। अपने शिष्यों को और भी प्रेरक संदेशों से समाज और धर्म के कार्यों को सुचारु रूप से चलाने हेतु प्रेरित किया। सामाजिक एवं धार्मिक स्वतंत्रता का संभवत: यह विश्व इतिहास में पहला आंदोलन होगा, जिसका नायक संन्यासी योद्धा ऐसा निस्पृह और परमार्थी था, जिसे न अपने खाने-पीने में कोई रुचि थी, जैसा रूखा-सूखा मिला खा लिया—और वह भी अपने संन्यास धर्म के अनुसार मधुकरी (भिक्षाटन) वृत्ति से तथा न अपने संन्यास धर्म के किसी नियम को भंग होने दिया। जैसा व्यापक कार्य था, उसमें साधना और लक्ष्य साधनों के बीच समय का सामंजस्य बहुत कठिन था; परंतु समर्थ रामदास ने कठोर दिनचर्या से सब संभव कर दिखाया।

यह अपनी तरह का अनूठा स्वतंत्रता आंदोलन रहा, जो जागृति और धर्माभ्युदय के रथ पर सवार एक संन्यासी संप्रदाय द्वारा चलाया जा रहा था और इसकी सफलता पर किसी को संदेह नहीं था। धर्म को शौर्य से और समाज को शासन से जोड़कर भारत के पुनरुत्थान की कल्पना केवल समर्थ रामदास जैसे निस्पृह संत ही कर सकते थे।

समर्थ रामदास के विचारों ने सामान्य समाज को ही नहीं झकझोरा, अपितु उनके पवित्र लक्ष्य, नियोजित कार्य-शैली और प्रभावशाली वाणी ने उस समय के संत समाज को भी सचेत कर दिया। अभी तक संत समाज मुगल शासन के अत्याचारों से त्रस्त होकर भाग्यवाद का आश्रय लेकर उदासीन हो रहा था; किंतु संन्यासी समर्थ रामदास की हुंकार ने उन्हें उनके प्रमुख कर्तव्य का बोध करा दिया और उस समय के प्रमुख संत समर्थ रामदास से मिलने को उत्सुक हो उठे। संत समाज की समर्थ रामदास में उत्सुकता उसी समय जाग गई थी, जब उन्होंने कराड़ प्रदेश में रहकर शहापुर आदि क्षेत्रों में अद्भुत जन-जागरण किया था। वहाँ उनसे मिलने संत समाज के बड़े-बड़े संत आने लगे थे। बड़गाँव के जयराम स्वामी, भावनगर के संत केशव

स्वामी, ब्रह्मवाल के संत आनंदमूर्ति स्वामी और निगड़ी के रंगनाथ स्वामी का जब समर्थ रामदास से पारस्परिक वैचारिक सामंजस्य हुआ तो यह साधु समूह 'दास पंचायतन' के नाम से प्रसिद्ध हुआ। महाराष्ट्र के वारकरी संप्रदाय के तत्कालीन संत तुकाराम से भी उनकी भेंट हुई।

समर्थ गुरु रामदास किसी भी आंदोलन की सफलता के संबंध में जो महत्त्वपूर्ण बात कहते थे, उससे प्रत्येक संत, प्रत्येक शिष्य और सामान्य लोग भी पूर्णत: प्रभावित और सहमत होते थे—

"सामर्थ्य आहे चलवलींचे। जो जो करील तयांचे।
परंतु तेथे भगवंताचे। अधिष्ठान पाहिजे॥"

सार संदेश यह है कि कोई समाज जब भी कोई परंपरा या आंदोलन चलाता है तो उसकी सफलता तभी निश्चित समझी जानी चाहिए, जब उसके पीछे परमपिता परमेश्वर का अधिष्ठान हो।

समर्थ गुरु रामदास ने इस मंत्र का सदैव पालन किया। उनके हर कार्य में प्रभु श्रीराम अधिष्ठाता रहे और उन्हें सफलता मिली। उन्होंने अटूट श्रद्धा एवं निस्स्वार्थ से स्वयं को श्रीराम से जोड़ा और अपूर्व आस्था का आश्रय लेकर श्रीराम को समाज में अधिष्ठित किया।

□

शिवाजी और समर्थ रामदास

समर्थ गुरु रामदास ने देश की तत्कालीन दयनीय अवस्था संभवत: अपने बाल्यकाल में ही अनुभव कर ली थी। विधर्मी शासकों के अत्याचारों से सनातन धर्म और कार्य दोनों ही क्षीण होते जा रहे थे। समर्थ रामदास को अवश्य ही कोई अंत:प्रेरणा हुई थी, जिसने उन्हें धर्म की ध्वजा उठाने को प्रोत्साहित किया। उन्होंने उस प्रेरणा से ही स्वजनों का त्याग किया और संन्यास धारण कर साधना के द्वारा लक्ष्य-सिद्धि के मार्ग को और भी स्पष्ट कर लिया था। प्रभु श्रीराम की अनन्य कृपा से उन्होंने पुनर्जागरण को अपने ढंग से समाज में व्याप्त करने का निश्चय किया और देशाटन द्वारा देश की सामाजिक, धार्मिक और आर्थिक व्यवस्थाओं का अवलोकन किया। समाज छिन्न-भिन्न था। स्वार्थी और कायर लोग पराधीन हो मुगलों के चाटुकार बन मौज मना रहे थे और साधारण जनजीवन प्रतिक्षण मृत्यु की प्रतीक्षा सी करता प्रतीत होता था।

धर्म की हानि तो इस प्रकार हो रही थी कि शीघ्र ही इसके लुप्त हो जाने की संभावना थी। संत समाज आतंकित होकर, धर्म को निजी मोक्ष का साधन मानकर स्वयं के उद्धार की क्रिया में जुटा था और समाज को शरीर की नश्वरता और संसार को माया से प्रभावित जैसे विषयों को बता रहा था। साधारण जनमानस को धर्म-पालन में कितनी ही समस्याओं से जूझना पड़ रहा था।

राजनीतिक दृष्टि में भी समर्थ रामदास ने स्पष्ट देखा था कि एकता के

अभाव में हिंदू राज्य कमजोर थे और विवशता में मुगलों की अधीनता स्वीकार कर चुके थे। कुछ राजाओं ने तो स्वार्थ-साधन में रुचि दिखाकर अधीनता का आवरण ओढ़ लिया था और चाटुकारिता से वैभव का सुख भोग रहे थे। वैमनस्य ने भी राजनीति में कभी समाज-हित की बात को ऊपर ही नहीं उठने दिया। साधारण जनजीवन केवल रामभरोसे चल रहा था।

आर्थिक विषमता अपने रौद्र रूप में थी। मुगलों के कृपापात्र तो भोग-विलास में लिप्त होकर धन का अपव्यय कर रहे थे और श्रमिक वर्ग दो जून की रोटी के लिए तरस रहा था। श्रमिकों पर धनिकों के अत्याचार कई स्थानों पर तो धनिक वर्ग का मनोरंजन थे।

ऐसे में रामदास को महापरिवर्तन लाने का कठिन कार्य करना था। उन्होंने देशाटन के पश्चात् अपना कार्य आरंभ कर दिया। सामाजिक परिवर्तन के उनके प्रयास सतत रूप से चल रहे थे; परंतु स्वतंत्रता का यह आंदोलन केवल जनसाधारण के सचेत हो जाने से ही सफल नहीं होने वाला था। समर्थ को इस आंदोलन में जनसाधारण का नेतृत्व करनेवाले हिंदू शासक की भी आवश्यकता थी। शाहजी भोंसले से भेंट के पश्चात् उन्हें ऐसा नेतृत्व मिलने की आशा हुई तो उन्होंने संपूर्ण योजना बनाई। उनकी इस योजना के केंद्र में वीर मराठा छत्रपति शिवाजी थे—इसमें कोई भी संदेह नहीं है।

शिवाजी जन्मजात योद्धा थे, यह बात समर्थ रामदास भली प्रकार जानते थे। शिवाजी की किशोरावस्था की कई चकित करनेवाली बातें समर्थ रामदास के संज्ञान में थीं। यही कारण था कि उन्होंने अपनी पूरी योजना का ताना-बाना छत्रपति शिवाजी को ही ध्यान में रखकर बुना था। समर्थ रामदास ने जिन ग्यारह हनुमान मंदिरों का निर्माण कराया था, वे केवल धर्मस्थल ही नहीं थे, अपितु शिवाजी महाराज को गुप्त रूप से हर संभव सहायता देने के केंद्र भी थे। यह बात इतिहासकारों ने मानी है कि अनुशासित समर्थ रामदास एक निश्चित अवधि के लिए पूरी योजना बनाते थे और उसी योजना के अनुसार कार्य-निरूपण करते थे। उस कार्य की सफलता के पश्चात् वे पुनः नई योजना बनाते थे। यह बात उनकी जीवन-शैली से भी स्पष्ट है।

शाहजी भोंसले से भेंट और अपनी जागीर में इस धर्मांदोलन को चलाने की स्वीकृति मिलते ही समर्थ रामदास ने दीर्घवाही योजना बनाई और संभवत: शाहजी को भी अपनी योजना से अवगत कराया। आगे शाहजी ने ही शिवाजी को इस संबंध में आवश्यक दिशा-निर्देश दिए होंगे, इस बात में कोई शंका नहीं होनी चाहिए। स्पष्ट है कि समर्थ रामदास बहुत निपुण राजनीतिज्ञ भी थे।

इतिहासकार कहते हैं कि सन् 1647 में शिवाजी के राज्याभिषेक तक समर्थ रामदास और शिवाजी की भेंट नहीं हुई थी। यह सत्य है, परंतु दोनों तब तक एक-दूसरे से अपरिचित भी नहीं थे। दोनों को एक-दूसरे के बारे में शाहजी भोंसले के माध्यम से जानकारी रहती थी। रायगढ़ जागीर के शासन केंद्र में तब तक शिवाजी एक युवा उत्तराधिकारी के रूप में विकास कर रहे थे और समर्थ रामदास अपने लक्ष्य के प्रथम सोपान को पूर्ण कर रहे थे, इसलिए भेंट की आवश्यकता भी नहीं थी। दूसरे, समर्थ रामदास उन निपुण योद्धाओं में से थे, जो समय से पूर्व अपने बल का प्रदर्शन नहीं करते। वे नहीं चाहते थे कि उनका कार्य और शिवाजी से संबंध समय से पहले ही शत्रुओं को कोई संकेत कर दें और वह आंदोलन शैशवावस्था में ही मृतप्राय हो जाए। अपने प्रसिद्ध ग्रंथ 'दासबोध' में उन्होंने स्पष्ट किया है कि उनका पहला कार्य था हरिकथा-निरूपण और दूसरा कार्य था राजकार्य।

समर्थ रामदास ने स्पष्ट किया है कि व्यक्ति के जीवन में ईश्वर की आराधना और देशहित की भावना समानांतर चलती रहनी चाहिए। वे राजनीति को सामाजिक जीवन का पूर्ण अंग कहते हैं और प्रत्येक व्यक्ति को राजनीति सीखने व समझने का समर्थन करते हैं। वे यह भी कहते हैं कि राजनीति में गुप्तनीति एक प्रबल मित्र है। अत: व्यक्ति को अपने राजनीतिक विचारों को हर संभव गुप्त ही रखना चाहिए।

संभवत: यह भी एक कारण रहा था कि समर्थ रामदास और शिवाजी उचित समय आने तक अपने संबंधों को गुप्त रखे हुए थे। समय आने पर दोनों के संबंध जब संसार के सामने आए तो उनकी जोड़ी भारत के इतिहास में सर्वश्रेष्ठ गुरु-शिष्य की जोड़ी के रूप में प्रसिद्ध हुई। उनकी तुलना भगवान्

कृष्ण और अर्जुन की नर एवं नारायण की जोड़ी से हुई, इसलिए यह कहना उचित नहीं है कि उनके संबंध पहले से नहीं थे। कारण चाहे जो भी हो, उन्होंने अपने घनिष्ठ संबंधों का खुलासा राज्याभिषेक के भी बहुत बाद में किया; परंतु स्पष्टत: वे पूर्ण रूप से परस्पर संपर्क में थे। यह गोपनीयता के नियम से ही संभव लगता है, क्योंकि नियम-पालन से सफलता प्राप्त होती है और इन्होंने नियम-पालन करके मराठा साम्राज्य स्थापित करने में सफलता प्राप्त की थी।

अब आवश्यक है कि शिवाजी के बारे में कुछ जाना जाए।

मराठा वीर शाहजी भोंसले और उनकी वीर क्षत्राणी पत्नी जीजाबाई के वीर पुत्र शिवाजी को लोगों ने भगवान् शिव का अवतार होने की मान्यता दी है। जीजाबाई एक धार्मिक महिला होने के साथ बहुत निडर और दृढ़ निश्चयी महिला थीं। उन्होंने सदैव ही मुगलशाही को भारतवर्ष के लिए अभिशाप समझा और सदैव ही स्वतंत्र हिंदूशाही का स्वप्न देखा।

उनके इस विप्लवी विचार के पीछे भी एक कारण था। जीजाबाई के पिता अहमदनगर निजामशाही में स्वतंत्र हिंदू राज्य के समर्थक थे और उन्होंने जीवनपर्यंत स्वयं को स्वतंत्र ही रखा। उनकी मृत्यु के पश्चात् जीजाबाई के भाइयों में एकमात्र भाई ऐसा था, जो अपने पिता की भाँति मुगलों से कभी भी भयभीत नहीं हुआ।

निजामशाह ने अवसर देखा और ताकत का भय दिखाकर जीजाबाई के भाइयों को दौलताबाद के दरबार में पेश होने का हुक्म सुनाया। एक भाई को छोड़कर शेष सभी भाई गए। वहाँ जब उन्होंने निजामशाह के सामने सिर झुकाया तो उसके इशारे पर उन सबकी गरदनें धड़ से अलग कर दी गईं। इस कुकृत्य ने जीजाबाई के हृदय में निजामशाही के प्रति घोर घृणा पैदा कर दी थी।

तभी से जीजाबाई का स्वप्न था कि वे स्वतंत्र हिंदू राज्य का निर्माण करें। जब शिवाजी गर्भ में थे तो जीजाबाई दिन-रात अपने आराध्य भगवान् शिव से प्रार्थना करती थीं कि उनका पुत्र इतना प्रतापी और वीर हो कि इन विधर्मियों को टक्कर देकर स्वतंत्र राजा बनकर रहे। शिवाजी ने जीजाबाई की इस इच्छा

को गर्भ में ही आत्मसात् कर लिया था। शाहजी भोंसले भी स्वतंत्र हिंदू जागीर रायगढ़ पर शासन करते थे। परंतु परिस्थिति प्रतिकूल होने पर उन्होंने निजामशाह से समझौता कर लिया और उचित समय की प्रतीक्षा करने लगे।

शिवाजी बाल्यावस्था से तेजस्वी और निर्भीक थे। माता जीजाबाई ने बचपन में ही उनके हृदय में स्वतंत्रता की ज्योति जलाई और फिर वीरता भरी साहसिक कहानियाँ सुना-सुनाकर उस ज्योति को निरंतर ज्वाला में बदलती रहीं। शिवाजी निर्भीकता से मुगलों के प्रति अपने विचार प्रकट करते थे और बाल्यावस्था में ही मुगलों को खदेड़ देने की बाल सुलभ घोषणा भी करते थे। उनकी निर्भीकता और अदम्य साहस का एक उदाहरण उनकी किशोरावस्था में देखने को मिला।

उन दिनों मुगलों के अत्याचार हिंदुओं के प्रति चरम पर थे। वे हर प्रकार से हिंदुओं की धार्मिक भावनाओं को आहत कर रहे थे। पूजा व यज्ञ आदि को बंद करके मंदिरों को ध्वस्त कर वे हिंदू धर्म को ध्वस्त करने पर तुले हुए थे।

एक दिन एक कसाई एक स्वस्थ गाय को रस्सी से बाँधकर ले जा रहा था। गाय की आँखों में मृत्यु की छाया साफ तैर रही थी और वह बड़ी कातरता से अपने आस-पास से गुजर रहे लोगों को देख रही थी कि कोई क्षत्रिय उसे मृत्यु से बचाए। बड़ी कठिनता से गाय आगे बढ़ रही थी।

अचानक वहाँ किशोर वय शिवाजी पहुँच गए और यह देखकर उनकी आँखों में रक्त उतर आया। कसाई जबरदस्ती उस गाय को खींच रहा था। तभी शिवाजी ने बड़ा अदम्य साहस दिखाते हुए अपनी तलवार रस्सी पर चला दी। रस्सी कटते ही गाय स्वतंत्र हो वहाँ से भाग खड़ी हुई।

"अरे खबीस, यह तूने क्या किया?" कसाई क्रोध से भर उठा, "मैं कितनी तकलीफ उठाकर यहाँ लाया था। मैं तुझे नहीं छोड़ूँगा!"

कसाई ने अपने छुरे की ओर हाथ बढ़ाया ही था कि शिवाजी ने एक तेज प्रहार से उसकी गरदन धड़ से अलग कर दी। चारों ओर सन्नाटा छा गया। शिवाजी निर्भय हो अपने घर आ गए।

यद्यपि दरबारियों ने कसाई की हत्या पर निजामशाह को भड़काने के प्रयास किए भी, लेकिन निजामशाह शाहजी भोंसले का महत्त्व जानता था, अत: उसने शिवाजी के विरुद्ध कोई कदम नहीं उठाया।

शाहजी भोंसले ने भी निजामशाही के बँटवारे के समय अपनी जागीर को स्वतंत्र रखा और शिवाजी को बचपन में ही राजकार्यों में रुचि लेने का अवसर दिया था। अपनी जागीर की व्यवस्था, संचालन और शिवाजी की उचित देख-रेख के लिए शाहजी ने अपने एक विश्वस्त और अनुभवी सरदार दादोजी कोंडदेव को सूबेदार के पद पर नियुक्त किया था। इस प्रकार शिवाजी जन्म से ही स्वतंत्र हिंदूशाही में पले-बढ़े थे। दादोजी कोंडदेव ने शिवाजी को शासन, युद्ध आदि सब कलाओं में पारंगत किया; लेकिन शिवाजी में जन्मजात भी ऐसे संस्कार थे कि वे कुशल शासक बन सकें।

शिवाजी ने युवावस्था में ही ऐसे कार्य कर दिखाए थे कि मराठा लोगों को उनमें एक प्रतापी राजा की छवि दिखाई देने लगी थी। उन्होंने पंद्रह वर्ष की अवस्था में ही रोहिड़ेश्वर मंदिर, जो पुणे के पास रोहिड़ेश्वर पहाड़ पर स्थित था, में जाकर भगवान् शिव की मूर्ति पर अपनी उँगली काटकर रक्त से अभिषेक किया और अपने साथियों के साथ स्वराज्य स्थापित करने का संकल्प किया।

इसी आयु में शिवाजी ने बीजापुर के आदिलशाह के एक किले पर अपने थोड़े से मराठा वीर सैनिकों के साथ आक्रमण करके उस किले को जीत लिया था। रोहिड़ेश्वर के निकट उस किले को उन्होंने 'तोरणा' का नाम दिया और आदिलशाही को अपने इरादों से संकेत कर दिया।

शिवाजी ने अपने संकल्प का एक और परिचय दिया, जब उन्होंने राजमुद्रा का प्रचलन कर अपनी जागीर में से आदिलशाही मुद्रा का निष्कासन कर दिया। राजनीतिक स्तर पर यह एक बड़ा कदम था, जो हिंदू-मुगलों के बीच प्रतिस्पर्धा को बढ़ा सकता था; लेकिन शिवाजी को भय नहीं था। उन्हें अपने बाहुबल और वीर मराठों पर पूरा विश्वास था। उन्होंने अपने सैनिकों को युद्ध की उन विधाओं में प्रशिक्षित किया, जिसकी कल्पना भी शत्रु दल

नहीं कर सकता था। उनका एक-एक मराठा सैनिक देशभक्ति की भावना से परिपूर्ण था। अतः कहा जा सकता है कि शिवाजी एक योजना के अनुसार सैन्य संगठन को मजबूत कर रहे थे, इसलिए अवश्य ही वे समर्थ रामदास से गुप्त संदेश पाते थे।

चाफल के रामनवमी के महोत्सव में शिवाजी के न आने के कारण समर्थ रामदास थोड़े निराश हुए, लेकिन शीघ्र ही उन्हें यह सूचना मिल गई थी कि शाहजी भोंसले को आदिलशाह द्वारा कैद किए जाने के कारण शिवाजी नहीं आ सके थे तो उन्हें संतुष्टि हुई। इससे यह पता चलता है कि चाफल के महोत्सव में शिवाजी का आना तय था, लेकिन परिस्थिति विशेष के कारण उनका आना स्थगित हो गया था।

शिवाजी और समर्थ रामदास के संबंधों को लेकर इतिहासकारों ने कुछ अधिक ही महत्त्व को सिद्ध करने का प्रयास किया है, जबकि इसकी इतनी अधिक आवश्यकता नहीं थी। दोनों ही एक-दूसरे के संपर्क में थे और एक विशेष योजना के अनुसार अपनी-अपनी शक्ति को संगठित करने का प्रयास कर रहे थे। क्या यह तार्किक नहीं है कि समर्थ रामदास के विचार व कार्य और शिवाजी के साहसपूर्ण कार्यों की जानकारी उन दोनों को शाहजी भोंसले से प्राप्त होती रही हो? क्या एक ही लक्ष्य के दो पथिक एक-दूसरे से उस परिस्थिति में अपरिचित रह सकते थे, जबकि उन दोनों के बीच परिचय का एक ठोस माध्यम भी था? गुप्तचर संगठन तो सदैव से ही राजनीति में मुख्य भूमिका निभाता रहा है। क्या समर्थ रामदास का कोई सदस्य शिवाजी के पास सैनिक के रूप में और शिवाजी का कोई सैनिक समर्थ रामदास के शिष्य के रूप में रहकर दोनों के समाचारों का आदान-प्रदान नहीं कर सकता था?

कुछ इतिहासकारों ने इन संबंधों को ही अपनी खोजपूर्ण लेखन की संज्ञा देते हुए कहा है कि शिवाजी के राज्याभिषेक के शुभ अवसर पर समर्थ रामदास की अनुपस्थिति से उन दोनों के परस्पर अपरिचित होने का संकेत मिलता है। उन दोनों के संबंधों पर गहराई से मनन करनेवाले इतिहासकार तत्कालीन समय की राजनीतिक आवश्यकता पर भी दृष्टि डालें तो ज्ञात होगा

कि अभी शिवाजी और समर्थ रामदास दोनों की ही तैयारियाँ अधूरी थीं तथा कोई कुशल योद्धा अधूरी तैयारी के साथ इतना बड़ा आंदोलन नहीं लड़ता।

कुछ इतिहासकारों का यह भी मानना है कि शिवाजी के राज्याभिषेक के एक दिन पूर्व की रात्रि रायगढ़ पहुँचकर समर्थ रामदास ने शिवाजी को आशीर्वाद दिया था। शिवाजी ने भी अपने गुरु की पूजा करके उन्हें 11,000 होन (शिवाजी की स्वर्ण मुद्रा) दक्षिणा में दीं, जिन्हें समर्थ रामदास ने शिवाजी के सिंहासनारूढ़ होने के उपलक्ष्य में रायगढ़ के राजपथ और अन्य मार्गों पर बिखेर दिया, जो अगले दिन प्रातःकाल राज्याभिषेक से पूर्व नगरवासियों ने भगवान् का प्रसाद और कृपा समझकर उठा लिया। यहाँ से समर्थ रामदास प्रतापगढ़ के किले में गए और वहाँ भवानी माँ से शिवाजी की सफलता और समृद्धि की कामना भी की।

यह कथन संभव भी हो सकता है कि समर्थ रामदास को पदयात्रा का ऐसा अभ्यास था कि वे घोर अंधकार में भी पर्वतों और नदियों को निर्विघ्न पार करने का सामर्थ्य रखते थे।

एक अन्य विद्वान् ने कहा है कि समर्थ रामदास शिवाजी के राज्याभिषेक के समय प्रतापगढ़ के किले में माता भगवती से प्रार्थना करते रहे थे और रायगढ़ गए ही नहीं थे तो ऐसा होना संदेहास्पद है। रायगढ़ और प्रतापगढ़ के बीच मात्र 20-25 किलोमीटर की दूरी है और यह दूरी समर्थ रामदास के लिए कोई अधिक लंबी या कठिन नहीं थी। प्रतापगढ़ में समर्थ रामदास निश्चित ही माता भवानी से प्रार्थना कर रहे थे, यह तो सब विद्वानों ने माना ही है; तो फिर इस बात को भी मानना चाहिए कि इतनी कम दूरी समर्थ रामदास निश्चित ही तय कर सकते थे। समर्थ रामदास जिस महान् लक्ष्य को लेकर घर छोड़कर आए थे, उस लक्ष्य का नायक यदि 20-25 किलोमीटर पर ही उनकी योजना के महत्त्वपूर्ण कार्यों को कर रहा था तो उनकी उपस्थिति अनिवार्य थी।

समर्थ रामदास के काव्य से माता भवानी से की गई उनकी प्रार्थना सिद्ध करती है कि उन्होंने शिवाजी की समृद्धि और सुयश की मंगल कामना की

थी तो यह कैसा बेतुका कथन है कि शिवाजी और समर्थ रामदास के घनिष्ठ संबंध बहुत बाद में हुए?

इस संबंध में डॉ. सच्चिदानंद ने कहा है कि "यदि समर्थ गुरु राज्याभिषेक के अवसर पर उपस्थित नहीं थे तो इसे उनकी निस्पृहता ही समझा जाना चाहिए; क्योंकि उनका लक्ष्य समारोहों में आनंद मनाना नहीं, अपितु आनंद से समारोह मनाना था।"

□

शिवाजी को दीक्षा

कुछ विद्वानों ने समर्थ रामदास और शिवाजी दोनों के संबंधों की घनिष्ठता सिद्ध करने के प्रयास में यहाँ तक कहा है कि शिवाजी ने युवावस्था में ही समर्थ रामदास से शिक्षा प्राप्त कर ली थी। यह संभव प्रतीत नहीं होता, क्योंकि सन् 1648 में शिवाजी दीक्षा प्राप्त करने के उद्देश्य से महान् संत तुकाराम के पास देहू पहुँचे। संत तुकाराम वारकरी संप्रदाय के चौथे गुरु थे। संत ज्ञानेश्वर ने इस संप्रदाय की नींव डाली थी और उनके पश्चात् संत नामदेव ने इसका विस्तार किया। फिर महान् संत एकनाथ ने इस संप्रदाय को अपने विचारों से पूर्ण किया और संत तुकाराम को इसके विस्तार का भार सौंपा। संत तुकाराम उस समय महाराष्ट्र के बड़े और प्रभावशाली संतों में गिने जाते थे। संत तुकाराम और समर्थ रामदास दोनों की एक-दूसरे से दो बार भेंट हो चुकी थी। संत तुकाराम समर्थ रामदास की विचारधारा से साम्यता रखते थे।

जब शिवाजी ने संत तुकाराम से दीक्षा देने की प्रार्थना की तो उन्होंने शिवाजी को दीक्षा न देकर समर्थ रामदास से दीक्षा लेने का परामर्श दिया था, क्योंकि वे स्वयं एक दूरद्रष्टा संत थे और समर्थ रामदास की महिमा से भलीभाँति परिचित थे। संत तुकाराम ने दीक्षा के संबंध में कहा था—

"हे छत्रपति शिवाजी! यदि आप दीक्षा ही लेना चाहते हैं तो मैं एक ऐसे महान् गुरु का नाम बताता हूँ, जिसकी शरण में जाकर तुम्हारे सभी मनोरथ पूर्ण होंगे। तुम संत शिरोमणि समर्थ रामदास की शरण में जाओ। वे साक्षात् मारुति के अवतार हैं और तुम्हारे पवित्र संकल्प को पूरा करने की

शक्ति उन्हीं के पास है।''

इस प्रकार संत तुकाराम ने शिवाजी को दीक्षा न देकर उन्हें समर्थ रामदास की शरण में जाने की सलाह दी थी।

दोनों गुरु-शिष्य की भेंट तब हुई, जब चाफल महोत्सव के अवसर पर शिवाजी की अनुपस्थिति के पश्चात् समर्थ रामदास ने उन्हें पत्र लिखकर संकेत दिया कि अब गोपनीयता की अवधि समाप्त हो गई है और अब एक साथ मिलकर कार्य करने का समय आ गया है। आदिलशाह ने शाहजी भोंसले को मुक्त कर दिया, तब समर्थ रामदास ने यह पत्र भेजा, जो शिवाजी ने वाई कस्बे में प्राप्त किया। पत्र में शिवाजी महाराज की प्रशंसा का वर्णन था। पत्र पढ़ते ही शिवाजी ने पत्र का उत्तर दिया, जिसमें उन्होंने लिखा कि वे समर्थ रामदास के दर्शन हेतु व्याकुल हैं।

क्या इस प्रसंग से यह प्रतीत नहीं होता कि उन दोनों के बीच संबंध बहुत समय से थे। यदि ऐसा न होता तो एक प्रशंसा भरी चिट्ठी को पढ़कर ही क्या शिवाजी एक अपरिचित व्यक्ति से मिलने को व्याकुल होते? यह व्याकुलता गुरु द्वारा शिष्य को दिए उस संकेत की थी कि गोपनीयता का समय समाप्त हुआ। यद्यपि पत्र में ऐसा कुछ नहीं लिखा था, परंतु तथ्य और प्रतिक्रियाओं से ऐसा ही निष्कर्ष निकलता है। शिवाजी चाफल महोत्सव पर नहीं गए और एक पत्र मिलते ही उन्होंने चाफल जाने का निर्णय ले लिया। यह राजनीतिक ढंग से की गई भेंट थी। अत: स्पष्ट होता है कि शिवाजी और समर्थ रामदास लंबे समय से एक योजना के अनुसार कार्य कर रहे थे। जब शिवाजी को समर्थ रामदास का पत्र प्राप्त हुआ तो प्रत्युत्तर में शिवाजी ने शीघ्र ही उनके दर्शनों की इच्छा जताई और चाफल जाने की तैयारी आरंभ कर दी।

शिवाजी शीघ्र ही अपने विश्वस्त साथियों के साथ चाफल जा पहुँचे। उनके साथ समर्थ भक्त दिवाकर भट्ट, निलो सोनदेव मजूमदार, बालाजी आवजी चिटणिस आदि लोग थे। जब शिवाजी चाफल पहुँचे तो वहाँ समर्थ रामदास उपस्थित नहीं थे। वे उस समय चाफल के समीप ही शिंगणवाड़ी गाँव के पास की एक गुफा में रह रहे थे।

यह भी उनकी राजनीतिक गोपनीयता का पालन करने की ओर संकेत करता है कि शिवाजी के आने की सूचना पाकर भी समर्थ गुरु चाफल में न होकर एक छोटे से गाँव की एक गुफा में थे। यह स्पष्ट था कि वे अपने शिष्य से प्रथम भेंट पूर्ण संतुष्टि से करने के इच्छुक थे, इसलिए उन्होंने चाफल केंद्र की भीड़ से अलग शिंगणवाड़ी को भेंट का स्थान निश्चित किया।

शिवाजी अपने गुरु का संकेत और आशय समझ गए थे। अतः उन्होंने चाफल के भव्य मंदिर में प्रभु श्रीराम और हनुमानजी के दर्शन किए और प्रसाद पाकर वहाँ से दिवाकर भट्ट को साथ में लेकर शिंगणवाड़ी चल दिए। उनके अधिकारी भी उनके साथ थे।

शिंगणवाड़ी में समर्थ रामदास अपने प्रिय शिष्य और नायक की प्रतीक्षा में आम के एक पेड़ के नीचे बैठे थे। उनके प्रिय शिष्य कल्याण (अंबाजी) उनके समीप बैठे लेखन कार्य कर रहे थे।

जब शिवाजी वहाँ पहुँचे तो समर्थ रामदास उठ खड़े हुए। उनके नेत्रों में एक विचित्र प्रकार के आत्मीय भाव थे। शिवाजी ने उन महान् मूर्ति को देखा तो स्वतः उनके हाथ जुड़ गए। जिस दिव्य मूर्ति के बारे में वे अब तक केवल सुनते ही आए थे, उसके व्यक्तित्व ने उन्हें सम्मोहित सा कर दिया। बहुत देर तक दोनों एक-दूसरे को देखते रहे।

जब शिवाजी अपने गुरु को दंडवत् करने के लिए झुके तो समर्थ रामदास ने उनकी भुजाएँ पकड़कर उन्हें अपने हृदय से लगा लिया।

"आप हमारे हमारे भाई समान हैं। अतः हमारे बीच भ्रातृवत् व्यवहार ही उत्तम है।" समर्थ रामदास ने आत्मीयता से कहा।

"भ्रातृवत् व्यवहार में भी अनुज द्वारा अग्रज को झुककर प्रणाम करने की शिक्षा आप जैसे मनीषियों ने ही दी है।" शिवाजी ने कहा और झुककर प्रणाम किया।

समर्थ रामदास ने उन्हें कोटि-कोटि आशीर्वाद दिए।

यह सन् 1649 के बैसाख सुदी नवमी का शुभ दिन था, जब दयनीय देश के नवनिर्माण का संकल्प लिए वीरता और वैराग्य का मिलन हुआ; जैसे

पराधीनता की बेड़ियों में छटपटाते भारतीय जनमानस को 'गीता' में भगवान् श्रीकृष्ण के आश्वासन का प्रतिफल मिल गया। अर्जुन मानो अपने पराक्रम के साथ युद्धभूमि में उतरने से पूर्व श्रीकृष्ण से संदेश, आज्ञा और परामर्श हेतु मिले।

उस मिलन के साक्षी भी एक विचित्र प्रकार के ओज से भर गए। यह एक ऐतिहासिक क्षण था, जो आनेवाले समय में आमूलचूल परिवर्तन लाने को संकल्पबद्ध था। दोनों ही अपनी-अपनी विधाओं में कुशल और एक-दूसरे के आंतरिक भावों को समझने में सक्षम थे। अत: बहुत देर तक दोनों के मध्य मूक वार्त्ता हुई।

"समर्थ गुरु, मुझे अनुग्रह प्रदान कर अपनी शरण में लीजिए। आपसे अधिक कौन जानता है कि इस जीवात्मा के संपूर्ण उद्धार हेतु उसे योग्य गुरु के मार्गदर्शन की अति आवश्यकता होती है। गुरु-कृपा के बिना न तो आध्यात्मिक उन्नति संभव है और न ही सांसारिक।"

समर्थ गुरु रामदास ने तब उन्हें राम-नाम के महामंत्र से अनुग्रह प्रदान किया; जैसे श्रीकृष्ण ने अर्जुन को अपने विराट् रूप के दर्शन कराए थे। शिवाजी का रोम-रोम पुलकित हो उठा।

समर्थ गुरु रामदास ने ठीक उसी प्रकार शिवाजी को राजधर्म और मानवधर्म का श्रवण कराया, जिस प्रकार महायोगी श्रीकृष्ण ने अर्जुन को कराया था।

"हे वीर शिरोमणि!" समर्थ गुरु ने गंभीरता से उपदेश किया, "जीवन का सार तीन लक्षणों में निहित है। हरिकथा-निरूपण, उत्तम राजनीति और व्यावहारिक ज्ञान, जो श्रोता और वक्ता के गुणों से परिपूर्ण हो और जिज्ञासु होने के साथ समाधान करनेवाला हो। जिसकी दूरदर्शिता की आत्मिक शक्ति प्रबल हो और मानव-व्यवहार से ही अच्छे-बुरे का ज्ञान कर लेता हो, वह व्यक्ति उदाहरण-रूप देने में सक्षम होता है। जिसे जीव और देव, कृत और अकृत का भेदज्ञान है और जिसमें अपने लक्ष्य व देहादि उपयोगिता की समझ है, वही श्रेष्ठ होता है। जिसकी उक्ति और कृति समान हो और जो अपनी हर सफलता के पीछे श्रीराम का अनुग्रह समझकर अपना और समाज का हित करता हो, वही श्रेष्ठ है। कुल, वर्ण, श्री और शौर्य को अपनी श्रेष्ठता का

साधन समझनेवाले को इस वास्तविकता का ज्ञान सदैव रहना चाहिए कि ये सब साधन गमनीय हैं और एकमात्र कर्म-निरूपण ही मानव को उच्च या निम्न दशा प्रदान करता है। एक ही कुल, वर्ण, श्री और शौर्य के स्वामी भारतवंशी युधिष्ठिर और दुर्योधन कर्मानुसार ही संसार में कीर्ति और अपकीर्ति के भागी हुए।"

शिवाजी सम्मोहित से होकर रह गए। कितने सहज और सरल शब्दों में मानव जीवन का भेद समर्थ गुरु रामदास ने खोल दिया था, कीर्ति और अपकीर्ति के कारक प्रत्यक्ष कर दिए थे—

"राजधर्म हर व्यक्ति के प्राण होते हैं। जो राजधर्म का पालन नहीं करता, उसे राजद्रोही कहते हैं, फिर वह चाहे सम्राट् हो या साधारण प्रजाजन।" समर्थ रामदास ने राजधर्म की व्याख्या की, "राजधर्म का अर्थ राजा के धर्म से नहीं, अपितु राज्य के धर्म के अर्थ में समझा जाना चाहिए। किसी भी राष्ट्र की उन्नति तभी संभव है, जब प्रत्येक नागरिक इस राजधर्म का पालन करे और अपनी-अपनी क्षमता के अनुसार राष्ट्र की सेवा करे। अपने कर्तव्य को समझे और उसका उचित निरूपण करे। राजा का धर्म है कि वह अपने प्रजाजनों की सभी शंकाओं का निवारण करे और न्याय के प्रति निष्ठुर या आत्मीय न हो। उसे चाहिए कि सामान्य अपराधों को मानवीय दोष समझकर क्षमा करे। अपने कार्य और कर्तव्य का विस्तार करना राजधर्म है। अपने समाज या प्रजा के सब अच्छे-बुरे विचारों को जानते रहना चाहिए और सबको संतुष्ट करते रहने का प्रयास करना चाहिए। शासन-प्रणाली में राजा को अपने राजनीतिक विषय ज्ञान को सदैव जिज्ञासु रखना चाहिए और पूर्व के तथा समसामयिक राजनीतिज्ञों के गुणों का अध्ययन व अवलोकन करते रहना चाहिए। गोपनीयता को राजनीति का मुख्य अस्त्र जानकर किसी के समक्ष अपनी योजना का बखान नहीं करना चाहिए। राजनीति से संबंधित विचार करते समय सदैव मन को प्रसन्न और एकाग्रचित्त रखने से नवीन विचारों का उदय होता है। राजनीति का स्थायी भाव दुष्टों का दमन और शिष्टों का रक्षण है। शक्ति व सामर्थ्य का अनावश्यक प्रदर्शन किसी भी स्थिति में लाभकारी नहीं और अपूर्ण साधनों से

कभी सफलता संभव नहीं होती है।''

राजनीति की ऐसी भव्य व्याख्या एक संन्यासी के मुख से सुनकर शिवाजी सहित सभी साक्षी गण प्रसन्नता से भर गए। राजनीति पर संत-संन्यासी परंपरा में इतना गहन ज्ञान रखनेवाले गिनती के ही संन्यासी हुए हैं और इनमें कौटिल्य व समर्थ गुरु रामदास प्रमुख हैं। कौटिल्य तो जन्मजात ही राजनीतिज्ञ थे। उनके अंदर यह गुण प्रतिशोध के अंतर्गत और भी अधिक विकसित हुआ था। समर्थ रामदास ने इस गुण को प्रत्येक व्यक्ति की आवश्यकता बताकर इसकी उपयोगिता का विस्तार किया।

राजनीति में गोपनीयता और कूटभाषा के प्रयोग को समर्थ रामदास ने बहुत आवश्यक बताया है। उन्होंने इस बारे में कहा है, ''राजनीति में अपने मन की बात नहीं कहनी चाहिए। जो कहना, उसे कागज पर नहीं उतारना चाहिए और यदि ऐसी आवश्यकता आ पड़े तो कागज पर कूटभाषा में अपनी बात लिखनी चाहिए। कूटभाषा के प्रतीक चिह्न या शैली ऐसी कठिन होनी चाहिए कि यदि वह शत्रु के हाथ भी लग जाए तो उसकी दृष्टि में उसका कोई महत्त्व न हो; परंतु यह इतनी सरल भी हो कि जिसे हम संदेश दे रहे हैं, वह सरलता से उसका भाव समझ ले।''

इस संबंध में समर्थ रामदास ने समय आने पर शिवाजी को सिद्ध भी कर दिखाया कि गोपनीयता और कूटभाषा का कितना महत्त्व है। कालांतर में जब शिवाजी महाराज के पराक्रम से त्रस्त होकर मुगल बादशाह ने उन्हें जिंदा या मुरदा पकड़ लाने पर इनाम की घोषणा कर दी थी तो अफजल खाँ सेना लेकर चल पड़ा था। अपने शिष्य के प्रति सर्वदा चौकन्ने समर्थ रामदास को इस बात की भनक लगी तो उन्होंने एक पत्र शिवाजी को लिखा। प्रथमदृष्टया यह पत्र एक कुशलक्षेम और उपदेश की औपचारिकता मात्र था, परंतु इसके अंदर कूटभाषा में शिवाजी को सावधान करने का संकेत दिया गया था—

''विवेक करावे कार्यसाधन। जाणार हे नरतनु जाणोन॥
पुठील भविष्यार्थी मन। रहाटोचि नये॥
चालू नये अंसमार्गी। सत्यता बाणली अंगी॥

रघुवीर कृपा ते प्रसंगी। दास महात्मय वाढ़ती॥
रजनी नाथ आणी दिनकर। नित्य करिती संचार॥
घलितातित येरझार। लाविले भ्रमण जगदीशे॥
आदिमाया मूल भवानी। हे सकल ब्रह्मांडची स्वामिनी॥
एकांती विवेक करूनी। इष्ट योजना करवी॥''

इसमें समर्थ रामदास ने पत्र-व्यवहार की इच्छा को माध्यम बनाकर धार्मिक उपदेश को अपनी वृत्ति के रूप में लिखकर प्रत्येक चरण के प्रथमाक्षर को कूटाक्षर का रूप दिया है—'विजापुरचा सरदार निधाला आहे।' इसमें शिवाजी को अफजल खाँ के आक्रमण के बारे में संकेत किया गया है कि बीजापुर का सरदार तुम पर आक्रमण करने के लिए निकल पड़ा है।

इससे स्पष्ट होता है कि समर्थ रामदास जो ज्ञान-संदेश देते थे, उसका स्वयं भी आचरण करते थे। सच्चे साधु की यही विशेषता होती है कि वह किसी विचार, संदेश और कार्य या गुण को दूसरों को तभी देता है, जब स्वयं उसके अच्छे-बुरे का परिणाम जाँच लेता है। इस संबंध में महान् निस्पृह संत रामकृष्ण परमहंस ने अच्छा उदाहरण किया है। एक बच्चे को मिठाई खाने की लत छुड़वाने के लिए कहने से पहले वे स्वयं मिठाई खाना छोड़ने में आठ दिन का समय लेते हैं। तात्पर्य यह है कि सच्चा साधु कभी किसी को उस कार्य को करने की बात नहीं कहता, जिसे करने में वह स्वयं ही असमर्थ हो।

समर्थ गुरु रामदास और छत्रपति शिवाजी ने पूरी सजगता और सतर्कता से अपने लक्ष्य का संधान किया था। समय से पूर्व उन्होंने अपने संबंधों को गुप्त रखा और जब लक्ष्य प्राप्त कर लिया तो दोनों खुलकर सामने आए और एक-दूसरे के सहयोग का परस्पर आभार प्रकट किया।

समर्थ रामदास ने लक्ष्य की प्राप्ति के लिए शिवाजी से भेंट से पूर्व ही तैयारियाँ आरंभ कर दी थीं और अधिकाधिक लोगों में नवचेतना का संचार कर धर्म एवं राष्ट्र के प्रति जागरूक कर दिया था। विशेषकर युवाओं पर समर्थ रामदास की दृष्टि रही थी, क्योंकि वे जानते थे कि देश की स्वतंत्रता में इन मुगलों का योगदान कितना आवश्यक है। मुगल साम्राज्य सैन्य बल में

किसी भी प्रकार कम न था और उसका सामना करने के लिए सैन्य बल की ही आवश्यकता थी। इसी आवश्यकता को ध्यान में रखकर समर्थ रामदास ने युवाओं में देश-प्रेम की ओजस्वी भावना का संचार किया। वे समाज को शक्तिशाली बनाने के उद्‌देश्य से शारीरिक व्यायाम पर जोर देते रहे और अपने प्रसिद्ध ग्यारह हनुमान मंदिरों के प्रांगण को व्यायामशाला का रूप देकर धर्म से बल की प्राप्ति का मार्ग प्रशस्त किया। असंख्य युवा प्रेरित होकर इन अखाड़ों में कसरत आदि के साथ लाठी चलाना, भाला फेंकना, गोला फेंकना और मल्ल युद्ध आदि का प्रशिक्षण लेते थे। यह युवा समाज ही आगे चलकर शिवाजी को सैन्य बल के रूप में प्राप्त हुआ था और शिवाजी के कुशल नेतृत्व में उन्होंने मुगल सेना को कई बार परास्त कर प्राण बचाकर भागने पर विवश किया।

□

आनंदवन भुवन

स्वराज्य का स्वप्न देखनेवाले समर्थ गुरु रामदास और छत्रपति शिवाजी अपने मार्ग की बाधाओं से भलीभाँति परिचित थे। परिस्थितियाँ इतनी प्रतिकूल थीं कि यदि उन दोनों की पूर्व तैयारी में कोई कमी होती तो आंदोलन तो असफल होता ही, प्राण भी संकट में पड़ जाते। छत्रपति शिवाजी आंदोलन का नेतृत्व कर रहे थे और मुगल सेना के ऊपर कराल काल बनकर टूट पड़ रहे थे तो कई बार ऐसी परिस्थितियाँ आई थीं कि उनके प्राण संकट में पड़ गए। अफजल खाँ, शाइस्ता ख़ाँ और खुद औरंगजेब के रचे गए कुटिल षड्यंत्रों से शिवाजी महाराज ने स्वयं को बचाया तो यह उनकी पूर्व तैयारियों का परिणाम था। शत्रुओं में केवल मुगल ही नहीं थे, अपितु कितने ही विश्वासघाती और चाटुकार हिंदू अधिकारी भी थे। अफजल खाँ के आक्रमण के समय उसकी सेवा में 38 ऐसे हिंदू अधिकारी थे, जो शिवाजी के संबंधी व रिश्तेदार थे और मुगल सेना के वफादार थे।

समर्थ रामदास ने ऐसे कठिन समय को ही संज्ञान में रखकर अपनी योजनाओं का निरूपण किया था। इन्हीं प्रतिकूल परिस्थितियों के लिए उन्होंने युवा वर्ग को प्रेरित कर शिवाजी महाराज की सैन्य शक्ति को बढ़ाने का कार्य एक दशक पूर्व ही प्रारंभ कर दिया था। यह एक बहुत ही दूरदर्शितापूर्ण और योजना-प्रबंधन को स्पष्ट करनेवाला तथ्य है कि जब चारों ओर मुगल बादशाह औरंगजेब सहित मुगलशाही ने संपूर्ण भारत को अपने अधीन कर लिया था और भारतीयता का समूल नाश करने पर तुल गए थे तो एक संन्यासी ने

दूरगामी योजना का निरूपण करके एक योद्धा को समरांगण में जीत दिलाने का कार्य सफल कर दिखाया।

शिवाजी ने स्वयं भी अपनी सैन्य शक्ति को निरंतर सुदृढ़ व व्यवस्थित किया और समर्थ गुरु रामदास के द्वारा भी सैन्य बल पाकर मुगल सेना के होश उड़ा दिए थे। उनके पराक्रम ने एकबारगी तो औरंगजेब को भी विचलित कर दिया और उसने संधि प्रस्ताव का षड्यंत्र रचकर शिवाजी को कैद भी कर लिया; परंतु नीति-निपुण और समर्थ गुरु के वीर शिष्य ने प्रतिकूल परिस्थितियों में भी धैर्य व बुद्धि से अपनी स्वतंत्रता का मार्ग प्रशस्त कर लिया था।

कठिनाइयाँ आईं, लेकिन परिणाम अनुकूल रहा। समर्थ रामदास और शिवाजी ने स्वराज्य प्राप्त कर लिया। मराठा साम्राज्य की स्थापना हो गई। हिंदूपादशाही स्वराज्य की ध्वजा फहर गई और शिवाजी ने 'छत्रपति शिवाजी' की उपाधि धारण की। अब माता जीजाबाई का स्वप्न पूरा हो गया था। समर्थ रामदास का लक्ष्य और शिवाजी का संकल्प पूरा हो गया था। अपनी कुशल शासन-प्रणाली से छत्रपति शिवाजी ने कुछ ही समय में स्वराज्य स्थिर कर दिया था। एक विकट तूफान से गुजरकर सर्वत्र स्वतंत्रता और शांति की अनुभूति करा दी थी।

अब आनंद का समय था। समर्थ गुरु रामदास और छत्रपति शिवाजी खुलकर सामने आ गए थे और पूर्ण स्वराज्य का आनंद लेने लगे थे। शिवाजी इस विजयश्री के पीछे समर्थ गुरु के बहुत पुराने विचार को भली-भाँति जानते थे। उन्होंने अपने सद्गुरु की हर संभव सेवा करके अपने शिष्य-धर्म का पालन किया।

स्वराज्य की स्थापना के पश्चात् छत्रपति शिवाजी ने अपने सद्गुरु की सेवा-विश्राम के लिए उन्हें सविनय परली का किला भेंट में दिया और उनके लिए सभी आवश्यक सुविधाएँ भी उपलब्ध कीं, यद्यपि समर्थ गुरु की दिनचर्या में उन सुविधाओं के भोग का कोई स्थान नहीं था, लेकिन अपने शिष्य की श्रद्धा और शिष्यत्व का मान रखने के लिए वे अपनी दिनचर्या सहित परली

के किले में रहने को विवश हुए। शिवाजी ने इस किले का नाम 'सज्जनगढ़ का किला' कर दिया। समर्थ गुरु की सेवा में शिवाजी ने जिजोजी काटकर नामक किलेदार सहित बहुत सारे सेवादार वहाँ नियुक्त कर दिए और स्वयं भी वहाँ उनकी सेवा में जाते रहे।

छत्रपति शिवाजी का शिष्य-भाव इतना प्रगाढ़ था कि समर्थ रामदास के अनन्य शिष्यगण भी स्तब्ध रह जाते थे। यहाँ तक कि एक बार शिष्यत्व की प्रबल प्रतिस्पर्द्धा का आभास करके समर्थ गुरु रामदास ने एक शिष्य-परीक्षा का आयोजन भी कर दिया। वे अपने शिष्य वर्ग को शिवाजी की आस्था और श्रद्धा से परिचित कराकर इस प्रतिस्पर्द्धा को समाप्त करना चाहते थे, जो अनायास ही उत्पन्न होकर कटुता के बीज बो रही थी। युगद्रष्टा रामदास किसी भी मूल्य पर अपनी शिष्य-संपदा को किसी भी विकार से ग्रस्त नहीं होने दे सकते थे, अतः योजनाप्रिय समर्थ गुरु ने एक सुंदर योजना रच डाली।

समर्थ गुरु रामदास ने अपने पाँव पर कपड़े में लपेटकर एक पका हुआ आम बाँध लिया, जो एक बहुत बड़े फोड़े के रूप में प्रतीत होता था। उन्होंने प्रातः होने पर पीड़ा होने का अभिनय किया तो शिष्यगण दौड़े-दौड़े चले आए और उस फोड़े को देखकर घबरा गए।

"गुरुदेव, यह··· अचानक इतना बड़ा फोड़ा कैसे हुआ?"

"शिष्यो, लगता है कि यह किसी विषैले कीड़े के काटने के कारण ऐसा हुआ।" समर्थ रामदास पीड़ा भाव से बोले, "संध्या-वंदन तो सब कुशल था। रात को शयन करते समय मुझे किसी दंश का आभास तो हुआ, परंतु तत्काल कोई पीड़ा न होने से मैं निश्चिंत हो गया। दूसरे प्रहर में तनिक पीड़ा हुई और प्रातः तक तो यह सूजकर इतना बड़ा हो गया। अब मुझे इसमें विषैले मवाद की आशंका हो रही है।"

"उपचार, इसका कोई उपचार करना होगा। वैद्यजी को बुलाया जाए।"

"शिष्यो, ऐसा कौन वैद्य होगा, जो चूषण-क्रिया से इस मवाद को बाहर कर सकता है; क्योंकि इसका एकमात्र यही उपचार है। जिस प्रकार सर्पदंश का विष वायगीर मुँह द्वारा चूसकर बाहर निकालते हैं, उसी प्रकार

इसका उपचार संभव है।''

शिष्यगण मौन रह गए। फिर सब अपनी-अपनी औषधियों की चर्चा करने लगे और समर्थ गुरु कराहते हुए सुनते रहे।

''बच्चो, यह विषैला दंश है और इतना विषैला है कि तत्काल मवाद बन गया है। अतः औषधि से इसका उपचार तभी संभव है, जब इसका मवाद निकाल दिया जाए।'' समर्थ रामदास बोले, ''और इस कार्य के लिए वैद्य का होना भी आवश्यक नहीं है। साधारण सा व्यक्ति भी ऐसा कर सकता है। मेरा तो मुँह फोड़े तक नहीं पहुँच रहा, अन्यथा मैं तुम सबको यह कष्ट नहीं देता और स्वयं ही इस मवाद को बाहर निकाल देता।''

शिष्यगणों में सन्नाटा छा गया। सब एक-दूसरे का मुँह देखने लगे थे।

''भई, तुममें से कोई ऐसा नहीं कर पा रहा तो और सैकड़ों शिष्य हैं। उनसे जाकर पूछो कि संभवतः कोई ऐसा कर सकता हो। यदि शीघ्र ही यह मवाद न निकली तो फिर पाँव को काटना पड़ेगा।''

शिष्यगण बाहर की ओर भागे और अन्य शिष्यों से पूछने लगे कि क्या कोई गुरुजी के फोड़े का विषैला मवाद मुँह से चूस सकता है?

यह सुनकर शिष्यगणों का मुँह विचित्र सी आकृति बनाकर मौन रह जाता। बहुत समय हो गया, लेकिन कोई तैयार नहीं हुआ। अंदर से समर्थ गुरु की पीड़ा भरी आवाज स्पष्ट आ रही थी। शिष्य समूह कुछ समझ नहीं पा रहा था कि वह करे भी तो क्या करे। उसी समय छत्रपति शिवाजी घोड़े पर सवार होकर समर्थ के दर्शनों हेतु उनका संदेश मिलने पर वहाँ आ गए। उन्होंने शिष्यगणों को एकत्र देखा तो आशंका से भरकर घोड़े से कूद गए।

''क्या हुआ गुरुभाइयो? सब कुशल तो है?''

''महाराज, गुरुदेव को किसी विषैले कीड़े ने काट लिया है और उस स्थान पर शोथ से इतना बड़ा फोड़ा हो गया है, जिसमें आधा सेर मवाद निकले तो कोई आश्चर्य की बात नहीं। गुरुजी को बहुत पीड़ा हो रही है।''

''अरे, तो··· तो वैद्य को बुलाना था।'' छत्रपति शिवाजी घबरा गए।

''हमने कहा था; किंतु गुरुजी कह रहे हैं कि चूषण-विधि जाननेवाला

वैद्य यहाँ कहाँ मिलेगा?''

''चूषण-विधि? अर्थात्...।''

''मुँह के द्वारा मवाद को चूसने की क्रिया।''

''क्या ऐसा कोई वैद्य हमारे राज्य में नहीं है?''

''गुरुजी कह रहे हैं कि यह काम तो कोई भी कर सकता है, वैद्य का होना आवश्यक नहीं है। मैंने सबसे पूछ लिया, परंतु मवाद के नाम से कोई भी ऐसा करने का साहस नहीं कर रहा।''

शिवाजी महाराज तत्काल दौड़कर अपने गुरु के पास पहुँचे और उनके पाँवों के समीप बैठ गए।

''गुरुदेव, बहुत पीड़ा हो रही है?'' शिवाजी भी पीड़ा से बोले, ''मैं अभी इस मवाद को खींचकर बाहर करता हूँ।''

''शिव, शिवा... तुम... सम्राट् हो।''

''और आप इस सम्राट् को बनानेवाले हैं। आप हैं तो सम्राट् तो और भी बन जाएँगे, परंतु कोई दूसरा समर्थ गुरु कहाँ मिलेगा।''

''तुम धन्य हो शिवा! मेरा गुरुत्व सार्थक हुआ।''

फिर छत्रपति शिवाजी ने फोड़े पर अपना मुँह रखकर मवाद को चूसा।

अरे, यह क्या? मवाद के स्थान पर अमृत-तुल्य स्वाद!

छत्रपति शिवाजी ने चकित दृष्टि से समर्थ रामदास को देखा, जो उस समय मुसकरा रहे थे। शिवाजी क्षण भर में सब समझ गए और तन्मयता से उस फोड़े रूपी आम को चूसने लगे।

बाहर दरवाजे पर खड़ा शिष्य समूह शिवाजी की इस गुरु-भक्ति को नमन कर रहा था और अपने मुँह की आकृति को बिगाड़ने का प्रयास भी कर रहा था; जबकि कई को तो वमन जैसा आभास होने लगा था।

''बस शिवा, अब रहने दो। संसार में सब सुलभ है।'' समर्थ रामदास ने खड़े होकर गर्व से शिवाजी को हृदय से लगा लिया, ''बस, दो ही चीजें दुर्लभ हैं—सच्चा शिष्य और सच्चा मित्र, क्योंकि ये दोनों ही मानवीय गुण-अवगुणों से बने होते हैं और कभी भी अवगुणी विकार से हानि पहुँचा सकते

हैं। गुरु और मित्र इन पर सर्वस्व न्योछावर कर देते हैं। अतः लाभ और हानि की जितनी संभावना इससे हो सकती है, शत्रु से भी नहीं होती। जिसे सच्चा मित्र और सच्चा शिष्य मिल जाए, वह निःशंक और निर्भय रहता है।''

समर्थ रामदास ने कपड़ा खोलकर चूसा हुआ आम बाहर निकाला और छत्रपति को साथ लेकर प्रांगण में आ गए। वहाँ शिष्य समूह सब जान-समझकर लज्जित सा खड़ा था।

''शिष्यो, अब आप समझ गए कि शिवा मुझे क्यों प्रिय है, क्योंकि इसने मुझे आत्मसात् कर लिया है और गुरु-शिष्य के रिश्ते को उस उच्च शिखर पर बिठा लिया है, जहाँ दोनों में कोई भी अंतर नहीं रह जाता। ऐसा नहीं है कि आप सबके हृदय में मेरे प्रति कम श्रद्धा है या आप सब मुझे प्रिय नहीं हैं; परंतु श्रेष्ठ होने के लिए असाधारण होना पड़ता है।''

समर्थ रामदास ने छत्रपति शिवाजी की अनन्य गुरुभक्ति को अपने जीवन की सार्थकता समझा था। शिवाजी ने अपने गुरु को अपना सर्वस्व देने में कभी संकोच नहीं किया।

उनकी इसी गुरुभक्ति का एक और प्रसंग सुनने को मिलता है कि वे अपने गुरु के उदर-शूल को ठीक करने के लिए सिंहनी का दूध दुहकर लाए थे। इसमें कितनी वास्तविकता है, यह तो स्पष्ट नहीं; परंतु इतना तो स्पष्ट है कि शिवाजी अपनी गुरुभक्ति पर अपने प्राण भी न्यौछावर कर सकते थे। यदि वे सिंहनी का दूध दुहकर लाए भी हों तो कोई आश्चर्य नहीं करना चाहिए। साहस, वीरता, पराक्रम और बुद्धि के संगम से यह कोई असंभव कार्य भी नहीं है। युक्ति से सब संभव हो जाता है।

गुरुभक्ति का एक और प्रसंग इन दोनों के मध्य आया है, जो शिष्य धर्म का एक अनूठा उदाहरण है।

एक बार जब समर्थ रामदास अपने पुरश्चरण के पश्चात् भिक्षा लेने हेतु सतारा जागीर में गए तो उन्होंने शिवाजी के राजमहल के बाहर जाकर ही अलख जगा दिया।

''जय-जय रघुवीर समर्थ!''

छत्रपति शिवाजी को तत्काल प्रहरियों ने सूचना दी कि उनके गुरु समर्थ रामदास महल में भिक्षा हेतु पधारे हैं। शिवाजी ने तत्काल सोच लिया कि क्या करना है। उन्होंने एक कागज पर लिखकर अपना सर्वस्व राज्य, महल आदि समर्थ रामदास के नाम कर दिया और दौड़कर दरवाजे पर आकर गुरु को दंडवत् प्रणाम किया तथा वह अधिकार-पत्र उनकी झोली में डाल दिया।

समर्थ रामदास ने कागज निकालकर पढ़ा और मुसकरा उठे।

''शिवा, तुमने तो अपना सर्वस्व हमें अर्पण कर दिया। अब तुम क्या करोगे? भूल गए कि पौराणिक काल में सत्यवादी हरिश्चंद्र ने स्वप्न में अपना सर्वस्व महर्षि विश्वामित्र को अर्पण कर दिया था तो प्रातः ही वह स्वप्न यथार्थ में बदल गया था और हरिश्चंद्र को डोम के घर नौकरी करनी पड़ी थी।'' समर्थ ने मुसकराकर कहा।

''गुरुदेव, मैं तो आपके श्रीचरणों की सेवा करूँगा।'' शिवाजी ने हाथ जोड़कर कहा।

समर्थ गुरु रामदास बड़े प्रसन्न हुए।

''शिवा, तुम धन्य हो! संसार में तुम्हारा सुयश अकारण ही नहीं फैला है। किंतु हम संन्यासी हैं, शासक तो नहीं। यह लो, अपना कार्य तुम्हीं करो; क्योंकि कहा जाता है कि 'जाको काम उसी को साजे'।''

''पूज्य गुरुदेव, दान-परंपरा में दिए दान को वापस लेने का प्रावधान नहीं।''

''उत्तम!'' समर्थ का हृदय प्रफुल्लित हो उठा, ''किंतु गुरु की आज्ञा का तो नियम है। वह राज्य हमारा है, ऐसा समझकर तुम इस पर शासन करो, यह हमारी आज्ञा है।''

''आज्ञा का अक्षरशः पालन होगा, गुरुदेव!''

छत्रपति ने उसी दिन राज्य के ध्वज को भगवा रंग देकर उसे समर्थ रामदास की अमानत के रूप में सेवक-भाव से शासन-व्यवस्था चलाते रहे। महान् त्याग और कर्तव्य-भावना के पालन का यह अनूठा उदाहरण है, जिसने शिवाजी के शासन में धर्म और न्याय का पारस्परिक समावेश किया।

शिवाजी सच्चे शिष्य थे, इसमें कोई संदेह नहीं और समर्थ रामदास भी सद्गुरु थे, यह भी निर्विवाद सत्य है। उन्होंने गुरुधर्म का पालन करते हुए अपने शिष्य को सदैव विवेकशील रखा। कभी जरा भी अधीर देखा या अहंकार भाव देखा तो तत्काल धैर्य और सत्य का आभास कराया।

एक बार छत्रपति शिवाजी सज्जनगढ़ के किले का निर्माण करा रहे थे। निर्माण कार्य में हजारों श्रमिक लगे थे। अचानक शिवाजी के हृदय में अहंकार का अंकुर फूटा। उन्होंने सोचा कि उनके द्वारा निर्माण हो रहे इस किले में कार्य मिलने से हजारों श्रमिकों का निर्वाह हो रहा है, अन्यथा न जाने कितनों को भूखे पेट रहना पड़ता।

कहा जाता है कि सच्चे गुरु-शिष्य आंतरिक भावना से जुड़े होते हैं। समर्थ रामदास ने अपने अनन्य शिष्य के अंतर्मन के इस अंकुर का आभास कर लिया और उनके पास चले आए। सच्चे गुरु की यही विशेषता होती है कि वे अपने शिष्य के हृदय में विकार के अंकुर को पनपने का अवसर नहीं देते। अपने गुरु को वहाँ अकस्मात् आया देखकर शिवाजी ने हर्षपूर्वक उनका स्वागत कर प्रणाम किया।

"शिवा, तुम्हारे इस कार्य की जितनी प्रशंसा की जाए, कम है।" समर्थ रामदास ने कहा, "तुम्हारे इस महान् कार्य के कारण हजारों लोगों का उदर-पालन हो रहा है, अन्यथा न जाने कितनों को तो भूखों सोना पड़ता।"

"गुरुदेव, सब आपकी कृपा से संभव है।" शिवाजी ने कहा।

"तनिक उस बड़े पत्थर को तो तुड़वाओ, शिवा।"

शिवाजी के आदेश पर श्रमिकों ने उस बड़े पत्थर को तोड़ना आरंभ कर दिया, जिसका संकेत समर्थ रामदास ने किया था। जब पत्थर थोड़ी देर में ही दो टुकड़े हो गया तो उसमें से एक मेढक निकल भागा।

सबने आश्यर्च से उस पत्थर को देखा, जो भीतर से खोखला था और उसमें थोड़ा पानी भी भरा था। आश्चर्य यह था कि उस पत्थर के भीतर मेढक की उत्पत्ति कैसे हुई और वह वहाँ जीवित कैसे रहा!

"भई शिवा, मान गए। तुम्हारे राज्य में ही ऐसा संभव है, क्योंकि तुम

ही सबका पालन करने में समर्थ हो। पत्थर के भीतर भी एक जीव का पालन कर रहे हो।''

''गुरुदेव, यह तो प्रभु की लीला है। इसमें मेरा क्या?''

''इन श्रमिकों के उदर-पालन में तुम्हारा क्या है?''

शिवाजी को तत्काल अपनी भूल का अहसास हुआ।

''गुरुदेव, मुझसे बड़ा पाप हुआ।'' वे विनीत भाव से बोले, ''मुझ तुच्छ ने स्वयं को इतना सामर्थ्यवान् समझकर बड़ी भूल की। मुझे क्षमा करें।''

''शिवा, भूल की क्षमा सहज है, इसलिए निश्चिंत रहो। हाँ, कभी अभिमान न करना, अन्यथा पतन को मार्ग मिल जाएगा। तुम केवल श्रीराम के सेवक हो और वही तुम्हें निमित्त बनाकर तुम्हारे हाथों से सबको दे रहे हैं।''

''मैं समझ गया, गुरुदेव। अब भविष्य में कभी मैं ऐसा विचार न करूँगा।''

समर्थ रामदास ने उसके अंकुर को ही दमित कर दिया।

इस प्रसंग में यद्यपि कुछ कल्पित सा प्रतीत होता है, लेकिन इसकी यह प्रासंगिकता समाप्त नहीं हो जाती कि समर्थ रामदास प्रतिक्षण अपने प्रिय शिष्य पर कृपा-दृष्टि बनाए रखते थे।

गुरु-शिष्य की यह अनुपम जोड़ी सदैव एक-दूसरे के प्रति निष्ठावान् रही। जब छत्रपति शिवाजी ने दक्षिण दिग्विजय की तो अपने पूज्य श्री गुरुदेव समर्थ रामदास से विनयपूर्वक अपनी ही इच्छाएँ प्रकट कीं।

''गुरुदेव, आपकी आज्ञा हो तो मेरी इच्छा है कि चाफल के मंदिर का पुनर्निर्माण कराकर और भी विशाल व भव्य बनाया जाए तथा साथ ही उसके सुचारु प्रबंध के लिए स्थायी आय की व्यवस्था की जाए।''

समर्थ रामदास ने दूसरी इच्छा पर सहमति जताई और पहली इच्छा पर अभी प्रतीक्षा करने को कहा। शिवाजी ने स्थायी आय के लिए चाफल के आस-पास के गई गाँवों का लगान आदि मंदिर से जोड़ दिया।

शिवाजी जीवनपर्यंत अपने गुरु के प्रति श्रद्धावान् रहे। अपने कीर्तिमयी शासनकाल में अपनी प्रत्येक सफलता का श्रेय अपने सद्‌गुरु को दिया। उनके संबंध इतने आत्मीय रहे कि शिवाजी को अपने पारिवारिक मामलों में भी उनसे

ही राय लेकर कार्य करने में संतुष्टि होती थी।

जब शिवाजी के पुत्र संभाजी किन्हीं कारणों से अपने पिता से ही अनबन करने लगे और बहुत समझाने पर भी संभाजी का कष्टपूर्ण व्यवहार न बदला तो शिवाजी को समर्थ रामदास के आश्रय के अतिरिक्त कोई उपाय न सूझा। संभाजी वरिष्ठ अधिकारियों और अपनी विमाता सोयरबाई से अभद्रता करने लगा और परिवार में कलह की स्थिति उत्पन्न कर दी। तब शिवाजी ने किसी प्रकार उसे समर्थ गुरु की शरण में भेज दिया। संभाजी दो माह उनके सान्निध्य में रहकर ज्वाला से हिम बन गया। उसका व्यवहार सुधर गया और वह रायगढ़ लौट आया।

उसी समय मराठा शिरोमणि छत्रपति शिवाजी जीवन-मृत्यु के अटल सत्य को स्वीकार करते हुए, अपनी उज्ज्वल कीर्ति बिखेरकर, कुशल शासक, दयालु पुरुष, वीर योद्धा और अनन्य शिष्य के अनेक विश्लेषणों से विभूषित होकर, संसार के सुख-दुःख भोगकर परमपिता परमात्मा में विलीन हो गए। उनका निधन हिंदू गौरव की महान् क्षति थी। समर्थ गुरु तो जैसे अनाथ हो गए थे और अपार दुःख में डूब गए।

चूँकि अभी समर्थ रामदास का जीवन शेष था, अतः उनका कार्य भी कैसे समाप्त हो सकता था। उन्होंने मराठा साम्राज्य, हिंदू साम्राज्य का लक्ष्य चुना था, जो सतत अनवरत था। अब उनकी दृष्टि संभाजी पर टिक गई। संभाजी की शिराओं में भी वही पराक्रमी रक्त था। वह निर्भय सिंह की भाँति शत्रुओं से लड़ने में सक्षम था।

समर्थ रामदास ने संभाजी को एक प्रेरणादायी पत्र लिखकर, उसका अंतर्मन झकझोरकर उसके पुरुषार्थ और शौर्य को जगा दिया। वह पत्र संभवतः समर्थ रामदास के जीवन का अंतिम पत्र था।

यह समर्थ रामदास के पत्र का ही प्रताप था कि संभाजी ने अपने पिता की भाँति ही अतुल पराक्रम से अपने स्वराज्य की रक्षा की थी। इतिहास साक्षी है कि वीर संभाजी ने अपने नौ वर्ष के शासन में प्राणपण से अपने साम्राज्य को सुरक्षित रखा। अपने स्वराज्य की एक इंच भूमि भी अपने जीते-जी शत्रुओं के

अधीन न होने दी। अपने कर्तव्य और उत्तराधिकार के धर्म का निर्वाह करते हुए संभाजी ने मातृभूमि की रक्षा में अपने प्राण तो उत्सर्ग कर दिए, लेकिन झुकना नहीं सीखा। यही वे संभाजी थे, जो कभी मराठा साम्राज्य के लिए कलह का कारण बनने की ओर अग्रसर थे।

इससे स्पष्ट होता है कि समर्थ रामदास के सान्निध्य में कितनी अपार शक्ति थी और उनके विचारों में जाज्वल्यता थी कि जिन्होंने संभाजी को सही दिशा देकर इतिहास में 'वीर संभाजी' के नाम से वीरोचित स्थान दिया।

समर्थ गुरु रामदास रायगढ़ के राजगुरु थे। उनके कार्य, विचार एवं जीवन-शैली सब प्रेरणादायी थे। उनके निर्वाण के पश्चात् मराठा साम्राज्य ने अपने प्रसिद्ध वाकियानवीस अनंत गोपाल कुडालकर को उनका जीवन-चरित्र को लिखने का कार्य सौंपा। कुडालकर ने 'बाकेनिशी' नाम से समर्थ गुरु रामदास के जीवन से जुड़ी महत्त्वपूर्ण घटनाओं को उसमें वर्णित किया।

समर्थ गुरु रामदास अपने निर्वाण के पश्चात् भी छत्रपति शिवाजी के कुल आराध्य रहे। जब शिवाजी के वंश की दो शाखाएँ बन गईं तब भी वे दोनों शाखाओं में श्रद्धेय रहे। यह श्रद्धा राजवंशों तक ही सीमित नहीं रही, अपितु महाराष्ट्र राज्य के जनमानस में भी समर्थ गुरु रामदास एक आदर्श, प्रेरक और अनुकरणीय व्यक्तित्व के रूप में जाने गए।

□

महानिर्वाण

हर व्यक्ति अपने जीवन में नाना उद्यमों से कोई-न-कोई निधि संचित करता है—कोई संपत्ति तो कोई ज्ञान। जब वह निधि उस व्यक्ति से खो जाए या विलग हो जाए तो उसके अंतर्मन की पीड़ा का अनुमान लगाना कठिन होता है।

समर्थ गुरु रामदास ने त्याग, तप व श्रम से जो अमूल्य निधि संचित की थी, वह छत्रपति शिवाजी थे। शिवाजी समर्थ गुरु रामदास के लिए वे आविष्कार थे, जिससे उन्होंने स्वराज्य का स्वप्न पूरा किया। जब शिवाजी का निधन हुआ तो समर्थ रामदास जैसे उच्चकोटि के विरक्त संन्यासी भी व्यथा के गहरे सागर में डूब गए। उन्होंने अपने लक्ष्य के लिए अपना परिवार और मित्र आदि सभी स्वप्न त्याग दिए थे। शिवाजी उनके जीवन का अभिन्न अंग बन गए थे। यह उनका शिवाजी के प्रति प्रेम था और प्रेम तो किसी भी संन्यासी की सीमा होती है, गुण होता है।

छत्रपति शिवाजी के निधन के पश्चात् समर्थ गुरु रामदास के मन में आत्मस्थ होने का विचार उठने लगा। उन्हें आभास होने लगा था कि अब उन्हें भी इहलोक की लीला छोड़कर स्वलोक-गमन करना चाहिए। वे मृत्यु की प्रतीक्षा करनेवाले साधारण पुरुष नहीं थे। वे जीवन के सब साधन मार्ग जानते थे, अत: मृत्यु के साधन मार्गों से कैसे अनभिज्ञ हो सकते हैं। उन्होंने आहार की मात्रा को कम करके परिषाह मार्ग को अपनाया।

उनकी आयु भी अब 73 वर्ष हो चुकी थी। यद्यपि उनके पूर्व के प्रयास

कार्यों से उन्हें शारीरिक दुर्बलता नहीं थी, फिर भी जीर्णता के नियम के अनुसार वृद्धावस्था दृष्टिगोचर हो रही थी। वे सन् 1681 में रामनवमी के अवसर पर अंतिम बार चाफल गए और महोत्सवों में सम्मिलित होकर सज्जनगढ़ आ गए। उनका स्वास्थ्य परिषाह और मानसिक पीड़ा के कारण निरंतर गिर रहा था। उनके परम शिष्य उद्धव और अन्य शिष्यगण बहुत चिंतित थे। यद्यपि सब जानते थे कि अब अधिक दिन उन्हें समर्थ गुरु का स्नेह और सान्निध्य नहीं मिल पाएगा। सबके सामने यह समस्या थी कि अब रामदासी संप्रदाय को कौन चलाएगा? सबको भय था कि कहीं उनके निर्वाण से शिष्य समूह में आपसी कलह का वातावरण पैदा न हो जाए, जो ऐसी स्थिति में कई संप्रदायों में होता देखा गया है।

उद्धव और आक्का स्वामी को इस बात की अधिक चिंता थी और वे बार-बार इस संबंध में समर्थ गुरु से बात भी करते थे।

''यह संप्रदाय शिष्यों से बना है, अतः शिष्यों में से ही जो संप्रदाय की निष्ठापूर्वक सेवा करेगा, नियमों का पालन करेगा, उसी पर श्रीराम की कृपा हो जाएगी।'' समर्थ गुरु ने कहा।

''गुरुजी, आप सर्वज्ञानी हैं और अपने शिष्यों को भली-भाँति जानते हैं। हमें तो आपके सभी शिष्य एक जैसे निष्ठावान् लगते हैं। हम कैसे किसी में भेद कर पाएँगे। अतः आप कोई ऐसी व्यवस्था करें कि सभी एक के मार्गदर्शन में चलते रहें।''

समर्थ रामदास को यह बात उचित लगी; परंतु उनकी दृष्टि भी इतनी संकीर्ण नहीं थी कि वे श्रेष्ठों में से सर्वश्रेष्ठ छाँटकर अन्य शिष्यों को दुखी करते। उन्होंने पूर्ण गहनता से विचार किया। स्थिति जटिल थी और उनका निर्णय उचित होते हुए भी भविष्य में संप्रदाय की विकास गति को प्रभावित कर सकता था। उनके सभी शिष्य उस पदभार को सँभालने योग्य थे; परंतु किस पर स्नेह दिखाकर अन्य सबको पीड़ा पहुँचाई जाए।

बहुत चिंतन-मनन के पश्चात् समर्थ गुरु को मार्ग सूझा।

''जांब गाँव, हमारी जन्मभूमि में हमारे ज्येष्ठ भ्राता के दो पुत्र रामजी

और श्यामजी हैं। उन्हें बुलाकर चाफल और सज्जनगढ़ के मठों की व्यवस्था सौंप दी जाए और सभी अनुयायी उनके मार्गदर्शन में संप्रदाय की उत्तरोत्तर उन्नति में एकाग्रचित्त होकर सहयोग करें।''

समर्थ के इस आदेश और इच्छा पर सबने सहमति जताई। यद्यपि कुछ विशेष कारणों से उनकी यह इच्छा तत्काल और लंबी अवधि तक पूरी नहीं हो सकी। उनके निर्वाण के लगभग 30 वर्ष बाद रामदासी संप्रदाय की बागडोर उनके अग्रज गंगाधर पंत (श्रेष्ठ) के पौत्र गंगाधर को मिली। इसमें शिवाजी के पौत्र शाहूजी का योगदान रहा, जो उन्होंने अपने राजगुरु की इच्छा को ध्यान में रखते हुए इस संबंध में निष्ठा और लगन से किया।

आज भी समर्थ गुरु के वंशज इस संप्रदाय का मार्गदर्शन कर रहे हैं।

समर्थ रामदास ने अपने अनुभव, विचार और संदेशों को अपने प्रिय शिष्य कल्याण के द्वारा लिपिबद्ध कराया था और उनमें उनका सर्वाधिक उल्लेखनीय ग्रंथ 'दासबोध' था। अपने अंतिम समय में उन्हें ऐसा प्रतीत हुआ कि 'दासबोध' में कुछ संशोधन की आवश्यकता थी, अतः उन्होंने कल्याण को सज्जनगढ़ बुलाया और यह कार्य भी संपन्न किया।

सज्जनगढ़ को समर्थ रामदास के अंतिम समय का दीर्घावधि प्रवाह कहा जा सकता है। छत्रपति शिवाजी ने स्वराज्य स्थापित हो जाने के पश्चात् परली का किला (सज्जनगढ़) उन्हें भेंट किया था। यहाँ उन्होंने मंदिर का निर्माण किया और साथ ही चाफल के मंदिर से देवी की उस मूर्ति को भी लाकर वहीं स्थापित किया, जो उन्हें संगम के गहरे जल में से प्राप्त हुई थी। उस मूर्ति का नाम उन्होंने 'अंगुलाबाई' रखा था।

अपने आराध्य श्रीराम पर उन्हें प्रगाढ़ श्रद्धा थी। उनकी पंचधातु की मूर्ति बनवाने की बहुत इच्छा थी। शिवाजी के सौतेले भाई व्यंकोजी तंजौर जागीर के अधिपति और समर्थ रामदास के शिष्य थे। समर्थ रामदास एक बार तब तंजौर गए, जब शिवाजी ने दक्षिण में मुगलों को परास्त करके अपनी कीर्ति बढ़ाई थी। तंजौर में समर्थ ने श्रीराम, माता सीता और लक्ष्मण की पंचधातु की मूर्ति बनवाने हेतु एक मूर्तिकार से कहा था। उन मूर्तियों के बनने

में काफी समय लगा और वे मूर्तियाँ व्यंकोजी महाराज ने सन् 1681 के अंत में सज्जनगढ़ पहुँचाईं। यह समय समर्थ रामदास के अंतिम समय में माना जाता है।

उन मूर्तियों के दर्शन से समर्थ रामदास को जिस आनंद की अनुभूति हुई, उसका वर्णन संभव नहीं है। ऐसा प्रतीत होता था कि समर्थ गुरु अपने प्राणों को उन मूर्तियों के दर्शन हेतु ही वश में किए हुए थे। उनके दर्शनों से उनमें प्राणों का और भी संचार हो गया था, परंतु काया की जीर्णता निरंतर बढ़ती जा रही थी। उद्धव उनके हाल पर रोने लगते और अन्य शिष्य भी अपने आवेग को रोक नहीं पाते थे। आक्का स्वामी भी बहुत व्यथित थे, तब समर्थ रामदास ने उन्हें चैतन्य होकर समझाया।

''पुत्र, मेरे उपदेश और संदेशों के विपरीत आचरण क्यों? मेरा यह शरीर तो नश्वर है और इसे नष्ट होना ही है। फिर यह संताप क्यों? मैं तो आत्म-स्वरूप होकर सदैव ब्रह्मांड में ही व्याप्त रहूँगा।''

''गुरुदेव, हम जानते हैं कि शरीर नश्वर है, परंतु मन नहीं समझता। आपसे बिछोह की कल्पना हमें व्यथित कर रही है।'' उद्धव ने कहा।

''अरे, मेरा तुमसे बिछोह कहाँ संभव है। मेरे संदेश, ग्रंथ सब में व्याप्त है। 'आत्माराम' और 'दासबोध' में मैं ही शब्द लेकर बसा हूँ। इनके पठन-पाठन से समाज का कल्याण करने में मैं अप्रत्यक्ष होकर सदैव तुम्हारा सहयोगी रहूँगा।''

इतना होने पर भी उद्धव स्वामी और आक्का स्वामी सहित सभी शिष्यों का हृदय कहाँ संतुष्ट होता था। उनकी व्यथा बढ़ती ही जा रही थी और इधर समर्थ रामदास अपने आत्मस्वरूप में विलीन होने के कगार पर थे। इहलीला के पटाक्षेप की घड़ी आ गई थी।

यह माघ बदी नवमी, शक संवत् 1603, 22 जनवरी, 1682 का दिन था। समर्थ गुरु रामदास के नेत्र-बिंदु पंचधातु से बनी अपने आराध्य की मूर्ति को एकटक निहार रहे थे। बहुत समय तक अपनी आत्मा को इस दर्शन-सुख से आनंदित करके समर्थ रामदास ने इक्कीस बार 'हर-हर' का मद्धिम स्वर

में उच्चारण किया और स्थूल से सूक्ष्म को बाहर आने का मार्ग प्रशस्त कर निष्प्राण हो गए। सूक्ष्म ने बाह्य जगत् की परिक्रमा की और फिर अपने ब्रह्मरूप में जा समाया।

समस्त शिष्यों को अपार दु:ख हुआ, परंतु गुरुदेव के उपदेशों को ध्यान में रखकर सबने संयम और धैर्य से काम लिया। सैकड़ों शिष्य सजल नेत्रों से उस दिव्य संन्यासी के पार्थिव चरणों में नत होकर उनके आदर्शों पर चलने का संकल्प ले रहे थे, जिसने जीवन को एक नए आयाम में ढालकर दिखाया था। संन्यासी और योद्धा धर्म और न्याय के समन्वय का महान् कार्य किया था।

सभी शिष्यों ने उनकी अंत्येष्टि का प्रबंध किया। किले में ही एक गड्ढा था, उसी में तुलसी, चंदन आदि की चिता बनाई गई और उनके पार्थिव शरीर को उस पर रख दिया गया।

उद्धव स्वामी, जो बचपन से ही पुत्रवत् उनके सान्निध्य में रहा था, ने चिता को मुखाग्नि देकर अपना धर्म निभाया।

समर्थ रामदास को अग्नि की प्रचंड ज्वाला ने आत्मसात् करके पाँचों तत्त्वों को पृथक् कर उन्हें उनके मूल में मिला दिया। एक देहधारी, विचार का प्रचंड तेजोपुंज तत्त्वों के तेज में विलीन हो गया। सज्जनगढ़ के किले को अपने गर्भ में एक मुट्ठी दिव्य राख को समेटने का गौरव प्राप्त हुआ।

समर्थ रामदास के महानिर्वाण की सूचना चाफल सहित सभी केंद्रों पर पहुँच गई। शिष्य वर्ग सज्जनगढ़ की ओर चल पड़ा। काफिले बन गए, जिनमें सभी आयु वर्ग के नर-नारी थे।

यह समाचार छत्रपति संभाजी के पास भी पहुँचा और सारा नगर शोक-संतप्त हो गया। वे भी सभी परिजनों और असंख्य पुरजनों को लेकर सज्जनगढ़ पहुँचे और अपने समर्थ गुरु रामदास की अस्थियों के दर्शन किए। संभाजी ने ही अपने मार्गदर्शन और सभी संप्रदायी शिष्यों की राय से उनकी उत्तर क्रिया उनके पुत्रवत् शिष्य उद्धव स्वामी से कराई। उस स्थान पर समर्थ रामदास की समाधि बनाकर उस पर चंदन का लेप किया गया। संभाजी महाराज ने समाधि-स्थल पर मंदिर-निर्माण कार्य भी आरंभ करा दिया। समाधि के ऊपर

जो मंदिर बनाया गया, उसमें तंजौर में निर्मित पंचधातु की मूर्तियों की प्रतिष्ठा की गई और नीचे समाधि-स्थल रहा।

आज भी समर्थ रामदास की इच्छानुसार अनुयायी श्रीराम के दर्शन करने के बाद ही समर्थ रामदास की समाधि के दर्शन पाते हैं।

कहते हैं कि व्यक्ति मर जाता है, लेकिन उसकी परिकल्पना अमर रहती है। समर्थ रामदास ने लोक-मंगल हेतु अपने जीवन को संन्यास के मार्ग पर डाला और साधना-सिद्धि के बाद ऐसी परिकल्पना का निर्माण किया, जो सदैव उस महान् योद्धा संन्यासी को समाज के बीच जीवित रखेगी।

□

समाज के हितार्थ

समर्थ गुरु रामदास ने अपने 74 वर्ष के जीवनकाल में समाज को वह सबकुछ दे दिया, जिसकी अपेक्षा किसी निस्पृह, परमार्थी और सच्चे संन्यासी से समाज करता है। समाज को दिए गए इस संन्यासी के विविध कार्यों पर दृष्टि डालने से प्रतीत होता है कि उन्होंने अधिक समय नहीं लिया और अपने लक्ष्य को प्राप्त कर उससे समाज को लाभान्वित किया।

समर्थ गुरु रामदास के कार्य की महत्ता ऐसे प्रतिकूल समय में और भी बढ़ जाती है, जब चौतरफा मुगल साम्राज्य का बोलबाला था। ऐसे विकट समय में उन्होंने देश भर का भ्रमण किया। उनके देशाटन में धार्मिक यात्रा की भूमिका मात्र उस समय के देशावलोकन का माध्यम थी। वे लोगों से मिलते और उनसे देश व समाज की समस्याओं पर विचारों का आदान-प्रदान करते। संत समाज, श्रमिक वर्ग और गृहस्थ सबसे उन्होंने पूछा और यही निष्कर्ष निकाला कि देश को नवजागृति की आवश्यकता है। भारत के पुनर्निर्माण और पुनरुत्थान के लिए एक ऐसे आंदोलन की आवश्यकता को समर्थ रामदास ने अनुभव किया, जो शक्ति के बल पर ही सफल हो सकता था। जैसा वातावरण था, उसमें विप्लवी संदेशों से समाज को जाग्रत् नहीं किया जा सकता था, क्योंकि यह अकेले चने द्वारा भाड़ फोड़ने जैसा था। ऐसा करने के प्रयास भी बहुत हुए थे और परिणामस्वरूप ऐसा करनेवालों को मौत ही मिली थी।

तब समर्थ रामदास ने आचार्य कौटिल्य का समर्थन किया। उन्होंने

दीर्घावधि योजना बनाई और राजनीति का आश्रय लिया। उन्होंने धर्म-जागृति का नाम लेकर राष्ट्र-जागृति का कार्य किया। उन्होंने कभी शत्रुओं को यह भनक भी न लगने दी कि वे मुगल साम्राज्य के विरोध में कुछ कर रहे हैं। उन्होंने हर उस परिस्थिति का लाभ उठाया, जो उन्हें उनके लक्ष्य तक पहुँचाने में सहायक रही।

वे धर्म के प्रति जिज्ञासा तो जगाते थे, लेकिन जिज्ञासा को पूर्णत: अपने विचारों से प्रभावित करने के पश्चात् देश-प्रेम की बात करते थे। उन्होंने अपनी दृष्टि युवा वर्ग पर टिकाई। इस वर्ग को अपनी ओर आकर्षित करने का सहज उपाय शारीरिक सौष्ठव था। उन्होंने खेल और स्वास्थ्य को दीर्घायु प्रदान करनेवाला और नीरोगी जीवनदायी बताया तथा जहाँ भी रहे, वहीं राम मंदिर के साथ हनुमान मंदिर की भी स्थापना की।

जिन मुख्य ग्यारह मंदिरों के बारे कहा जा चुका है कि वे विशेष प्रयोजनार्थ थे, यह सत्य ही है। मंदिर तो उन्होंने देशाटन के समय भी बनाए। छोटे-छोटे मंदिरों की संख्या 1,100 बताई जाती है, परंतु मुख्य 11 हनुमान मंदिर उनकी योजना के अंग थे और यह बात इससे स्पष्ट होती है कि ये सभी मंदिर सतारा जागीर में ही थे। केवल एक उन्होंने सांगली जागीर में बनाया तो वह भी शिवाजी से कोई दूर नहीं था।

उन ग्यारह हनुमान मंदिरों का विवरण निम्न प्रकार है—

स्थान का नाम	जागीर	स्थापना वर्ष
शहापुर	सतारा	1645
मसूर	सतारा	1646
चाफल	सतारा	1649
चाफल	सतारा	1649
उंब्रज	सतारा	1650
माजगाँव	सतारा	1650
बहें बोरगाँव	सतारा	1652
मनपाडलें	सतारा	1652

पारगाँव	सतारा	1653
शिराला	सतारा	1656
शिंगणवाड़ी	सतारा	1656

सतारा जागीर को मुख्य केंद्र मानकर समर्थ रामदास ने इन ग्यारह मंदिरों का निर्माण संयोग से नहीं कराया, अपितु यह उनकी योजना के अंतर्गत हुआ और इस विशेषता से हुआ कि किसी को मूल उपयोग की भनक तक न हुई। छत्रपति शिवाजी की जागीर के आस-पास के युवाओं को प्रेरित करके सैन्य-शक्ति का निर्माण करना ही इन मंदिरों का मुख्य उद्देश्य था। चूँकि वे संन्यासी द्वारा संचालित होते थे, अतः उन पर किसी को संदेह नहीं होता था।

स्वयं समर्थ रामदास ने इन ग्यारह मंदिरों के महत्त्व को बताया है—

''अक्रा, अक्रा बहू अक्रा। काय अक्रा कलेचिना॥
गुप्त ते गुप्त जाणावे। आनंदवन भुवनी॥''

अर्थात् ग्यारह हनुमान मंदिर तो प्रतीक हैं, अन्यथा मंदिर असंख्य बनाए गए हैं। गुप्त ही जानो, परंतु ये आनंदवन भुवन के हेतु स्थापित हैं।

समर्थ रामदास चूँकि कूटभाषा का भी प्रयोग करते थे अतः इसमें अका (ग्यारह) का रहस्य रहस्य ही रहा है। सब समझ ही जाते तो समर्थ रामदास की विद्वत्ता कौन मानता। इतना अवश्य है कि वे स्वराज्य को 'आनंदवन भुवन' की संज्ञा देते थे। इन पंक्तियों में इस आनंदवन भुवन के होने से इन ग्यारह हनुमान मंदिरों के विशेष होने का संकेत मिलता है। यह तब तो और स्पष्ट हो गया कि जब शिवाजी के नेतृत्व में मुगलों से युद्ध लड़े गए। इन मंदिरों से असंख्य युवा शिवाजी की सेना में पहुँचे। इनमें से अधिकतर मंदिर पहाड़ी क्षेत्रों में ऊँचाई पर ही स्थित थे। शिवाजी की सेना छापामार युद्ध में अभ्यस्त थी। ये मंदिर युद्ध सामग्री के भंडारण हेतु भी काम आए होंगे, जिससे छापामार सैनिकों को स्थान-स्थान पर युद्ध सामग्री मिलती रही थी।

वैसे भी, मुगल सेना इस कला में अनभ्यस्त होने के कारण ही अधिक पस्त और परास्त हुई थी। इन युद्धों में अचानक पहाड़ों से पत्थरों की बारिश

होने लगती थी। यह सब छापामार सैनिकों के द्वारा होता था और मुगल सेना में भगदड़ मच जाती थी। अफजल खाँ अपनी पराजय में सँकरी घाटियों, ऊँचे पहाड़ों, दुर्गम दर्रों और छापामार सैनिकों को ही गिनता था।

स्पष्ट है कि ये ग्यारह हनुमान मंदिर इसी विशेष प्रयोजन के लिए थे। समर्थ रामदास ने शाहजी भोंसले से मिलकर ही यह योजना तैयार की थी। यह आश्चर्यपूर्ण ही है कि समर्थ रामदास ने एक दशक पहले जो तैयारियाँ कीं, वे सटीक रहीं और वैसे ही प्रयोग में आईं, जैसे उन्होंने सोचा था।

इस प्रकार समर्थ रामदास ने सटीक योजना प्रबंधन और गोपनीयता के तालमेल से एक असंभव प्रतीत होनेवाले कार्य को संभव कर दिखाया और आनंदवन भुवन की स्थापना कराई।

समर्थ रामदास ने अपना जीवन ही समाज-कल्याण हेतु दान कर दिया था। वे समाज का सर्वांगीण विकास करने के आकांक्षी थे। उन्होंने समाज की जो दुर्दशा देखी थी, उसने उन्हें झकझोर दिया था। अस्त-व्यस्त और सामाजिक जीवन ने उन्हें संन्यासी से योद्धा बनने को प्रेरित किया। पूर्व में वे संन्यास के द्वारा धर्म-जागृति ही संभव समझते थे, लेकिन राष्ट्र-जागृति का प्रश्नचिह्न मुँह बाए खड़ा था तो समर्थ रामदास ने अपने वैचारिक स्तर को ऊँचा उठाया और संन्यास को अस्त्र बनाकर क्रांति ला दी। वे जानते थे कि स्वराज्य के बिना सामाजिक उत्थान संभव नहीं है। परकीय शासन में कैसे भी उत्थान की आशा नहीं की जाती। अतः उन्होंने सर्वप्रथम स्वराज्य-प्राप्ति के उपायों को किया। एक दीर्घकालिक योजना अपार धैर्य से वे आनंदवन भुवन की स्थापना में सफल हुए।

जब स्वराज्य स्थापित हो गया तो उन्होंने सामाजिक उत्थान की दिशा में कार्यारंभ कर दिया। यद्यपि उस समय का समाज अनेक कुप्रथाओं, रूढ़ियों और परंपराओं की बेड़ियों में जकड़ा हुआ था और अभी-अभी उसने स्वतंत्रता की साँस ली थी, अतः इतनी शीघ्रता से सामाजिक विकास के परिणामों की आशा नहीं करनी चाहिए। समर्थ रामदास ने फिर भी इस दिशा में महत्त्वपूर्ण कार्य किए। लोगों को रूढ़ियों और कुप्रथाओं की

वास्तविकता से अवगत कराया, लेकिन तत्काल और सुखद परिणाम की उन्होंने आशा भी नहीं की।

फिर भी, उन्होंने इतना अवश्य कर दिया था कि भविष्य में उन प्रयासों का सुखद परिणाम निकलने की आशा बना दी। उन्होंने अपने लेखन, ग्रंथ आदि में सामाजिक मूल्यों का वर्णन किया। उन्होंने काव्य-लेखन से अपने विचार व्यक्त किए थे और तत्कालीन समय में उनके संग्रह की पर्याप्त व्यवस्था भी नहीं थी। अत: उनके सामाजिक विकास के कार्य पर्याप्त रूप में उजागर नहीं हुए और कुछ उनकी स्वराज्य-उपलब्धि के महान् कार्य की आभा में विस्मृत हो गए। फिर भी, यह कहा जा सकता है कि समर्थ रामदास ने सामाजिक विकास को भी अपना पूरा समय दिया था।

यद्यपि समर्थ रामदास ने स्वराज्य के लक्ष्य में सामाजिक चेतना को ही केंद्र में रखा था और सामाजिक चेतना ही स्वराज्य के स्वप्न को साकार करने में अत्यधिक सहायक सिद्ध हुई थी। फिर भी, इसके मूल में स्वराज्य ही था तो इसकी विशेषता स्वतंत्रता ही थी।

समर्थ रामदास ने समाज में व्याप्त कुरीतियों के विरुद्ध भी कार्य अवश्य ही किया होगा, जिसमें से स्त्रियों की दयनीय अवस्था के सुधारने का कार्य तो करते आ रहे थे। तत्कालीन समय में स्त्री जाति घोर अंधकार में थी। उस पर सैकड़ों प्रतिबंध थे और सैकड़ों वर्जनाएँ थीं। अशिक्षा ने उन्हें अपने अधिकारों के प्रति अनभिज्ञ कर रखा था। रूढ़ियों ने उन्हें मात्र पुरुष के हेतु भोग्या बना दिया था। कई प्रथाओं के चलते वे ऐसी बेड़ियों में जकड़ी थीं कि छटपटा तो सकती थीं, लेकिन आवाज नहीं उठा सकती थीं। अपने भारतीय मूल गुणों सहनशील और धैर्यवान् होने के पश्चात् भी नितांत गाय थीं।

ऐसे में समर्थ रामदास ने उनकी दशा में परिवर्तन के प्रयास किए और सफल भी रहे। उन्होंने सईबाई और चिमणाबाई को रामदासी संप्रदाय में लाकर स्त्रियों के उद्धार का मार्ग प्रशस्त किया। यही चिमणाबाई 'आक्का स्वामी' के नाम से प्रसिद्ध हुई और रामदासी संप्रदाय में उनका सम्मान समर्थ रामदास की भाँति होता था। वे एक अनुशासित, स्नेहिल और व्यवहार-

कुशल महिला थीं, जो समर्थ रामदास के संपर्क में आने से पूर्व बाल विधवा का कष्ट भोग रही थीं। उन्होंने रामदासी संप्रदायों के विचारों से समाज में स्त्रियों को जाग्रत् करने का कार्य सफलतापूर्वक किया और समर्थ रामदास के निर्वाण के पश्चात् चार दशक तक चाफल और सज्जनगढ़ के मठों की मठाधीश का कार्यभार सँभालकर संप्रदाय की उन्नति में सहयोग किया।

समर्थ रामदास ने सतीप्रथा का घोर विरोध किया। वे उस कुप्रथा को आसुरी कृत्य की संज्ञा देते थे, जिसमें एक जीवित स्त्री को अग्नि में जलाया जाता था। ताकली में उनके हाथों से प्रभु श्रीराम ने सर्वप्रथम एक स्त्री का जीवन ही बचाया था, जो अपने अर्द्ध-चैतन्य पति के साथ सती होने जा रही थी। वह स्त्री उनके प्रथम शिष्य उद्धव की माता अन्नपूर्णा थी।

समर्थ रामदास ने स्त्रियों को पुरुषों के समान ही अधिकार देने की बात कही और अपने संप्रदाय में वह कर भी दिखाया। उन्होंने बाल विधवा वेणाबाई को समाज में सम्मानित स्थान दिलवाया और इसके लिए उन्हें बहुत कठिन संघर्ष भी करना पड़ा।

कोल्हापुर प्रवास के समय समर्थ रामदास प्रतिदिन लक्ष्मी मंदिर में कीर्तन भी करते थे और बहुत से लोग कीर्तन में आते थे। उन्हीं में गोपाजी पंत देशपांडे नामक एक सज्जन भी थे, जो अपनी बाल विधवा पुत्री वेणाबाई को लेकर आते थे। वेणाबाई अत्यंत कुशाग्र बुद्धि की थी और धार्मिक ग्रंथों का अध्ययन करके धर्म-चर्चा में निपुण थी। कीर्तन की समाप्ति पर लोग समर्थ रामदास से धर्म संबंधी प्रश्न पूछते और वे सबको संतुष्ट करते। वेणाबाई भी प्रश्नोत्तर में रुचि लेती थी और बड़े तार्किक प्रश्न करती थी।

एक दिन कीर्तन समाप्त होने पर वेणाबाई ने समर्थ रामदास से जो प्रश्न पूछा, वह अत्यंत जटिल था। यद्यपि समर्थ रामदास उसका उत्तर जानते थे, लेकिन वह प्रश्न इस प्रकार का था कि उसके उत्तर में भी प्रश्न आते थे और वेणाबाई इतनी जिज्ञासु प्रवृत्ति की थी कि वह प्रत्येक प्रश्न को उठा सकती थी। रात्रि बहुत हो चुकी थी और लगभग सभी लोग अपने घर जा चुके थे। वेणाबाई स्थिर और दृढ़ बैठी अपने प्रश्न के उत्तर की प्रतीक्षा कर रही थी।

जब समर्थ रामदास ने देखा कि वेणाबाई अपने प्रश्न का उत्तर लिए बिना नहीं मानेगी तो उन्होंने उसके वांछित उत्तर को आरंभ किया।

फिर तो प्रश्न में से प्रश्न निकले और एक शास्त्रार्थ की सी स्थिति बन गई। वेणाबाई प्रश्न-पर-प्रश्न किए जा रही थी और समर्थ रामदास उत्तर दिए जा रहे थे। मंदिर के पुजारी आदि तो बहुत समय तक बैठे रहे और अंत में सो गए। समर्थ रामदास और वेणाबाई की वह प्रश्नोत्तरी रात भर चली। समर्थ रामदास ने उस जिज्ञासु लड़की की प्रशंसा की और परश्चरण हेतु चले गए।

जब वेणाबाई अपने घर आई तो उसे भयानक परिस्थितियों का सामना करना पड़ा। उसके माता-पिता तो अपनी पुत्री पर अत्यधिक विश्वास करते थे, लेकिन आस-पड़ोसवालों ने उस पर लांछन लगाए और विडंबना यह रही कि मंदिर के कुछ पुजारी गणों ने उस बात को अपने ढंग से और भी तूल दे दिया।

"राम-राम, ऐसी निर्लज्जता! एक विधवा होकर ऐसा पाप कर्म! क्या उसके माता-पिता मूर्ख हैं, जो इतना नहीं जानते कि इस प्रकार लड़की को रात्रि के समय घर से बाहर अकेला नहीं छोड़ना चाहिए। माना कि रामदासजी उच्चकोटि के संत हैं और उनसे किसी अनुचित व्यवहार की आशा नहीं की जा सकती; परंतु स्त्री को अपनी मर्यादा में रहना चाहिए, अन्यथा समाज का अहित होते क्या देर लगती है!"

रूढ़िवादी गाँव में इतना ही कहना काफी होता है और फिर चाहे जो हो, लोग अनुचित अर्थ निकाल ही लेते हैं। सारा गाँव गोपाजी पंत को कोसने लगा। यद्यपि वेणाबाई ने विरोध भी किया और उन लोगों को धिक्कारा भी, लेकिन उसकी कौन सुनता।

"यदि तुम्हारी पुत्री के मन में पाप नहीं है तो वह अपने चरित्र की परीक्षा दे।" किसी ने अपना ज्ञान बघारा।

वेणाबाई ने यह चुनौती स्वीकार की और सारे गाँव के सामने श्रीहरि का और समर्थ रामदास का आश्रय लेकर विष पी गई। यह कृपा की ही बात

थी कि उस साध्वी विदुषी को विष भी अमृत के समान प्रतीत हुआ और वह उस परीक्षा में सफल रही। गाँववालों के मुँह बंद हो गए और समर्थ रामदास की जय-जयकार हुई।

जब समर्थ रामदास को इस घटना के बारे में पता चला तो उन्हें बहुत दु:ख हुआ। उन्होंने सारे गाँव को समझाया। वेणाबाई ने उसी समय उनसे दीक्षा ली। उन्होंने वेणाबाई को समाज में सम्मान दिलाने के लिए उसकी ससुराल मिरज में मठ की स्थापना की और वेणाबाई को उस मठ की मठाधीश बना दिया। वेणाबाई 'वेणा स्वामी' बनकर समाज को समर्थ रामदास के विचारों से लाभान्वित करने लगी। इस प्रकार समर्थ रामदास ने समाज में स्त्रियों के मान-सम्मान को स्थापित करने की दिशा में सार्थक प्रयास किए।

समर्थ रामदास ने समाज में एक और बुराई देखी थी। वह थी जातिवाद की समस्या। तत्कालीन समय में तो यह गंभीर समस्या थी ही, आज भी कितने ही पुनर्जागरणों के पश्चात् भी इसमें कोई अधिक सुधार नहीं हुआ है। समाज की मानसिकता ही ऐसी बन गई है कि लोग उच्च और निम्न की सोच से बाहर नहीं निकले। समर्थ रामदास ने आर्थिक विषमता को भी इसके लिए उत्तरदायी माना; लेकिन तब यह मानसिक रोग केवल वर्ण पर आधारित था। घोर निर्धन ब्राह्मण भी धनी शूद्र को हेय और तुच्छ समझता था। समर्थ रामदास ने अद्वैतवाद के माध्यम से समझाया भी कि सब जीवों में एक ही ब्रह्म है और ब्रह्म में छोटा-बड़ा या उच्च-निम्न नहीं हो सकता। यह भेद सर्वथा अनुचित है। यद्यपि हमारे शास्त्र भी सदैव इस बात को कहते रहे हैं; लेकिन कुछ विद्वानों ने इस पर अपनी विप्लवी टिप्पणियाँ करके इस व्यवस्था को बल भी दिया है।

समर्थ रामदास ने इस व्यवस्था का विरोध बड़े योजनाबद्ध ढंग से किया। उन्होंने निम्न वर्ग के लोगों को सम्मान दिया और अपने संप्रदाय में अनुग्रह देकर उन्होंने जाति व्यवस्था को करारा जवाब दिया। तब निम्न जाति के लोगों को मंदिर में प्रवेश करने पर प्रतिबंध था। समर्थ रामदास ने ऐसे लोगों को अपने मठ का मठाधीश बनाया। दत्तानाई नामक शिष्य तो जैसे

समर्थ रामदास का दाहिना हाथ था। धोंडिबा नामक गड़रिया भी उनकी कृपा से चिंतनशील हुआ। इस संबंध में एक प्रसंग आता है—

एक बार समर्थ रामदास आत्मचिंतन विषय पर उपदेश कर रहे थे। आत्मचिंतन वह स्थिति होती है, जिसमें व्यक्ति बाह्य संसार से विमुख होकर अपने अंतर्जगत् के दर्शन करता है। इस साधना में विचारों को साधना पड़ता है। जपी-तपी कहते हैं कि यह बहुत कठिन क्रिया है। विचारों को वश में करना सबके लिए संभव नहीं होता।

उस दिन धोंडिबा भी उपदेश सुन रहा था। उसकी प्रवृत्ति भी विचित्र थी। वह वाचाल बहुत था। यहाँ तक कि जंगल में भेड़ों को चराते समय वह अपनी भेड़ों से ही बातें करने लगता था। उसने आत्मचिंतन से मुक्ति मिलने की बात सुनी तो उत्सुक हुआ।

"महाराज, मैं भी अपने मन को उन्मन करना चाहता हूँ। यह कैसे हो सकता है? क्या मुझे शांति मिल जाएगी?" धोंडिबा ने प्रश्न किया।

"अवश्य, क्योंकि उन्मन अवस्था तो शांति का ही रूप है।"

"कृपया मुझे बताइए कि मैं कैसे उन्मन हो सकता हूँ?"

"अपने मन की बात अनसुनी कर दो। बस, समझो कि तुम्हारा मन एक ऐसा घोड़ा है, जो तुम्हें अपनी इच्छा से इधर-उधर लेकर घूम रहा है। अब इस घोड़े पर तुम्हें लगाम लगानी है, जो अत्यंत कठिन है। अतः सरल मार्ग यह है कि इससे उतर पड़ो। इसकी कोई बात सुनो ही मत।"

धोंडिबा ने कहा कि यह तो बड़ी सरल बात है। उपदेश की समाप्ति पर वह अपने घर गया और मार्ग में ही अभ्यास करने लगा। उसने मन के विचारों की अनसुनी करने का कुछ और ही अर्थ लगाया। मन जो कहे, वह करना ही नहीं है। अब वह सोचता कि घर जल्दी पहुँचना है तो अपनी चाल धीमी कर लेता और मन से कहता कि नहीं पहुँचना है। इस प्रकार वह विचारों के विपरीत हो गया और पहले से भी दुखी हो गया। मन कहता कि पानी पीना है तो मन का मारा धोंडिबा तब तक पानी नहीं पीता, जब तक प्राण सूखकर कंठ में नहीं आ जाते। अतः वह इस समस्या से परेशान हो

पुनः समर्थ रामदास की शरण में गया।

"महाराज, मुझे तो शांति के स्थान पर घोर अशांति हो गई। घर के सब काम छूट गए। मन की मरजी मैं चलने न दूँगा और भूखों मरने की नौबत आ जाएगी। कोई मार्ग सुझाएँ।"

"अरे भाई, मन के विपरीत आचरण करके भी तो तुम मन की ही बात मान रहे हो। अब मन तुम्हें आलसी बनाने पर तुला है। मैंने कहा कि मन की सुनो ही मत, बहरे हो जाओ। मन में विचार ही उत्पन्न न होने दो।"

धोंडिबा ने सहमति जताई और चल पड़ा। मार्ग में उसे फिर उसी कठिनाई का सामना करना पड़ा तो उसने संकल्प किया कि वह मन की बात नहीं मानेगा। थोड़े से प्रयास में उसे थोड़ी सफलता मिली और कुछ ही देर में वह पूर्ण समाधिस्थ हो गया। वह विचार-मुक्त हो गया। अब वह अपार शांति का अनुभव करने लगा। बस, तभी से वह समर्थ रामदास का शिष्य बन गया।

सार यह है कि समर्थ रामदास ने हर जाति के लोगों को सम्मान दिया, ज्ञान दिया और समाज में वर्ग-भेद पर करारी चोट की।

समर्थ रामदास ने जाति-व्यवस्था को सुधारने में कई साहसिक कदम भी उठाए और उन लोगों का डटकर सामना किया, जो इस व्यवस्था के नाम पर निम्न वर्ग का शोषण करते थे।

एक बार रामनवमी के उत्सव में समर्थ रामदास ने ब्राह्मणों को भोजन के लिए निमंत्रण दिया। ब्राह्मणों के भोजन के पश्चात् ही सब कार्य होने थे। अतः भोजन की तैयारी कर ली गई। बहुत समय बीत जाने पर भी कोई ब्राह्मण भोजन के लिए नहीं आया।

"अरे, विलंब हो रहा है और ब्राह्मण देवता अभी तक नहीं आए। जाकर देखो कि क्या कारण है?" समर्थ रामदास ने एक शिष्य से कहा।

शिष्य चला गया और कुछ समय पश्चात् लौटकर आया।

"महाराज, सभी ब्राह्मण राजमहल में भोजन करने गए हैं।"

समर्थ रामदास समझ गए कि लालच के मारे ब्राह्मणों को राजा से

अधिक दान-दक्षिणा मिलने की आशा थी। समर्थ से क्या मिलता! साथ ही वे यह भी जानते थे कि उनके कार्यों से कुछ ब्राह्मण अप्रसन्न भी हैं।

समर्थ रामदास ने उसी समय एक साहसिक निर्णय लिया। उन्होंने चाफल के पास के गाँवों से एक सौ एक लोगों को बुलाकर भोजन कराया, जो सभी निम्न जाति से थे। सबको नदी में स्नान कराकर उनकी पूजा-अर्चना की और उन्हें स्वयं अपने हाथों से भोजन भी कराया तथा दक्षिणा में सबको वस्त्रादि दिए।

समर्थ रामदास के इस कार्य का कड़ा विरोध किया गया; लेकिन वे निर्भय रहे।

समर्थ रामदास समाज की आर्थिक विषमताओं को दूर करनेवाले संदेशों से लोगों को सहकारिता और परमार्थ की बात समझाने का प्रयास करते रहे। वे भाग्यवाद से अधिक कर्मवाद के समर्थक रहे। वे प्रयत्नों में विश्वास करते थे और प्रयत्न को ही सफलता की कुंजी बताते थे। यत्नपूर्वक कार्य करने पर व्यक्ति को ईश्वर की कृपा अवश्य मिलती है। प्रयत्नों में कष्टों का भाव केवल अकर्मण्यता की वृद्धि के लिए होता है। अकर्मण्य जीवन से कष्टों में गुणातीत वृद्धि होती जाती है।

समर्थ रामदास ने प्रयत्न और परिश्रम को सारगर्भित करते हुए निम्न बातें कही हैं—

- मनुष्य को चाहिए कि वह केवल निजी स्वार्थों के लिए ही धनार्जन न करें, अपितु अपने आस-पास के लोगों के हित की भी चिंता करें। यही धन का सर्वोत्तम भोग है कि उसके द्वारा समाज का भी हित हो।
- घर-परिवार में मूलभूत आवश्यकताओं के लिए धन की आवश्यकता उचित है; लेकिन परमार्थ के लिए भी आवश्यकताओं को सीमित करना मनुष्य का ही कार्य है।
- मनुष्य को चाहिए कि वह अपव्यय की वृत्ति से बचे और आय तथा व्यय में संतुलन रखे। जो आय होती है, उसमें से बचत का

भी प्रावधान अवश्य होना चाहिए, अन्यथा जीवन में कष्ट उठाने पड़ते हैं।

❖ जो मनुष्य कर्म और श्रम पर हावी रहता है तथा उपयुक्त बातों का भी ध्यान रखता है, उस पर वैभव की देवी प्रसन्न रहती हैं।

❖ किसी भी राष्ट्र की उन्नति तभी संभव है, जब उसकी आर्थिक नीतियों में उद्योग की प्रधानता और कर्म की अनिवार्यता भी हो।

□

समर्थ की साहित्य-निधि

यदि समर्थ गुरु रामदास को परम ज्ञानी कहा जाए तो कोई अतिशयोक्ति नहीं होगी। उनके समय में काव्यात्मक शैली में संदेश और उपदेश करने का प्रचलन था, लेकिन उन्होंने समाज की मानसिक क्षमताओं का ध्यान रखा और काव्य के साथ उसकी सरल व्याख्या भी करते रहे। इससे लोगों को काव्य की गूढ़ता से जूझने से मुक्ति मिली और उन्हें उपदेशों का सार सहज ही समझ में आने लगा। कुछ लोग तो ऐसे भी होते थे, जो काव्य की गूढ़ता के चलते ही ऐसे आयोजनों में नहीं आते थे; लेकिन जब समर्थ रामदास ने इस पद्धति से उपदेशों का प्रचार किया तो नर–नारी समूहों में आने लगे और उनके भाव–विभोर कर देनेवाले उपदेशों को भी ग्रहण करने लगे।

यद्यपि उस समय उनके लेखन को मुद्रण व प्रकाशन आदि की सुविधा नहीं मिली थी, फिर भी समर्थ रामदास ने अपने विचारों को समाज के सामने लाने के लिए कई ग्रंथ लिखे। उनकी असंख्य रचनाएँ होंगी, लेकिन इन असुविधाओं के कारण अधिकांश अप्राप्य हो गईं। यद्यपि अभी भी समर्थ रामदास के विचारों का साहित्य प्रचुर मात्रा में है। इतना ही नहीं, उनकी प्रेरणा से उनके शिष्यों ने भी समाज के हित में अनेक रचनाएँ लिखी हैं।

समर्थ रामदास की रचनाओं की सूची इस प्रकार है—

अभंगात्मक काव्य

इसमें दो रचनाएँ प्राप्त हुई हैं, जिनके नाम क्रमशः 'बारा ओवीं शतें' और 'स्फुट ओव्या' हैं।

लघु काव्य

इसमें पाँच रचनाएँ हैं—

(1) षड्रिपु (2) पंचीकरण योग, (3) चतुर्थमान, (4) मानपंचक, (5) पंचमान।

श्लोकबद्ध काव्य

इसमें तीन रचनाएँ प्रमुख हैं—

(1) रामायण, (2) करुणाष्टके, (3) मनाचे श्लोक।

ओवीबद्ध लघु काव्य

इसमें ग्यारह काव्य मराठी छंद 'ओवी' में लिखे गए हैं, जो इस प्रकार हैं—

(1) पूर्वारंभ, (2) जुनाट पुरुष, (3) अंतर्भाव, (4) आत्माराम, (5) पंचसमासी, (6) सप्तसमासी, (7) सगुण ध्यान, (8) निर्गुण ध्यान, (9) मानस पूजा, (10) एकवीस समासी और (11) जन स्वभाव।

- ❖ स्फुट प्रकरणे व स्फुट श्लोक।
- ❖ श्रीमद्ग्रंथराज दासबोध।
- ❖ पदपदांतरे।
- ❖ अंकतर व प्रासंगिक प्रकरणे।
- ❖ गद्यपत्र।
- ❖ हिंदी पद।

इन रचनाओं की सूची देखकर कहा जा सकता है कि समर्थ गुरु रामदास एक उच्च कोटि के विचारक और कवि भी थे। उन्होंने अपने काव्य में जीवन का संभवत: ही कोई पहलू अनछुआ रखा हो, जिस पर उनकी वैचारिक लेखनी नहीं चली, अन्यथा उन्होंने मानव जीवन के हर दृष्टिकोण का भलीभाँति चिंतन, मनन और लेखन किया।

समर्थ रामदास की इन रचनाओं में सांसारिकता, व्यावहारिकता और आध्यात्मिकता का वर्णन देखने को मिलता है। स्फुट काव्य में समर्थ रामदास

ने मानव जीवन को सुखमय, शांतिमय और भगवन्मय बनाने के बीस सूत्री उपदेश छंद के रूप में दिए हैं, जिनका सार क्रमश: इस प्रकार है—

- समस्त प्राणी जगत् सुखी और प्रसन्न रहे—सदैव यही कामना करो।
- प्रयत्न ही परमात्मा है, व्यक्ति को ऐसा समझकर कर्म के प्रति संकल्प करना चाहिए। प्रयत्नों में शिथिलता कष्टों को उत्पन्न करती है।
- मनुष्य का सच्चा साथी धैर्य होता है। अत: मनुष्य को चाहिए कि वह इस सच्चे साथी को सदैव साथ रखे। विषम परिस्थितियों में यही धैर्य मनुष्य का साथ देता है।
- मनुष्य को चाहिए कि वह विवेकशील रहे और अच्छे-बुरे की समझ रखे। कोई भी कार्य करने से पूर्व उसे अपने विवेक की कसौटी पर तौल लो। सुनो सबकी, लेकिन करो अपने मन (विवेक) की।
- अपने मन में झाँको और जान लो कि तुम्हें दूसरों से वही व्यवहार करना चाहिए, जो तुम दूसरों से अपने प्रति अपेक्षा रखते हो, अर्थात् अच्छा व्यवहार करोगे तो अच्छा व्यवहार पाओगे।
- जो साधु-संत हैं, उन्हें संत-परंपरा का पालन भलीभाँति करना चाहिए। इसे अकर्म उदरपूर्ति का साधन नहीं समझना चाहिए। संत का कार्य है कि वह सतत-भ्रमण से समाज में अच्छे विचारों का प्रचार-प्रसार करे।
- प्रत्येक ज्ञानवान् व्यक्ति को चाहिए कि वह अपने ज्ञान से सबको लाभान्वित करे। संसार में अज्ञानता और अशिक्षा के कारण जो लोग ज्ञान के प्रकाश से वंचित हैं, उन्हें बोध की ओर ले जाए।
- कभी किसी भी धर्म, मत या संप्रदाय की आलोचना नहीं करनी चाहिए। सभी धर्म, मत या संप्रदाय एक ही धर्मवृक्ष के फल, फूल और शाखाएँ हैं।
- मनुष्य को सदैव कुतर्क से बचना चाहिए। किसी सारहीन विषय

पर वाद-विवाद नहीं करना चाहिए।

- ❖ जिस प्रकार बादल समुद्र से जल ग्रहण कर पृथ्वी को सौंपकर उसे पुनः समुद्र में भेजते हैं, वैसे ही परोपकार को समझना चाहिए। यह सर्वथा तुम्हारी निधि है, जो परोपकार के माध्यम से किसी को दी जाती है। एक दिन वह तुम्हें अवश्य ही मिलेगी।
- ❖ साधुता के लिए चिंतन-मनन आवश्यक है और इनके लिए एकांत की आवश्यकता है; क्योंकि एकाग्रचित्त होकर ही चिंतन होता है।
- ❖ मनुष्य को चाहिए कि वह देह की जीर्णता के नियम का पालन करे और युवावस्था में ही अपने कार्य करके वृद्धावस्था को प्रभु के चिंतन में अर्पण कर देना चाहिए।
- ❖ संसार में ज्ञान प्राप्त करने का सर्वश्रेष्ठ माध्यम अनुभव है। मनुष्य को चाहिए कि वह अनुभव से ज्ञान प्राप्त करे। अनुभव एक परखा हुआ मार्ग होता है और कर्म-अकर्म से परिचित होता है।
- ❖ संसार में वही मानव से महामानव बनते हैं, जो संसार में रहकर लोक-मंगल के कार्य करते हुए भी संसार से अलिप्त रहते हैं, अर्थात् स्व-हित की अपेक्षा पर-हित को श्रेष्ठ समझते हैं।
- ❖ केवल ज्ञानपूर्ण या आचरणपरक बातें सीख लेने से ही कोई ज्ञानी या सदाचारी नहीं बन जाता, अपितु इनका प्रत्यक्ष व्यवहार करना ही इन गुणों का सदुपयोग है।
- ❖ मित्रता के बारे में सदैव मनुष्य को सतर्क रहना चाहिए। यह संबंध अच्छे लोगों से रखना ही उचित होता है। कुसंगति का प्रभाव एक दिन अवश्य ही देखने को मिलता है।
- ❖ राजा या शासक को सदैव सतर्क रहना चाहिए, तभी वह निर्दोष न्याय-प्रणाली का पालन कर सकेगा। राजा को चाहिए कि वह अपने अधिकारियों पर कड़ी दृष्टि रखे और समय-समय पर उनकी नीयत की परख करता रहे, अन्यथा अंधेर नगरी होने में समय नहीं लगता और 'चौपट राजा' की उपाधि मिल जाती है।

- ❖ ब्राह्मण सनातनकाल से पूज्य और श्रेष्ठ हैं, लेकिन ब्राह्मण कुल में जन्म लेने से ही कोई ब्राह्मण नहीं हो जाता। ब्राह्मण का अर्थ है कि उसे ब्रह्म का ज्ञान हो और 'ब्रह्म ही सब है, सब ही ब्रह्म हैं' की धारणा हृदय में रखता हो।
- ❖ मनुष्य को चाहिए कि वह सदैव सार्थक ज्ञान की प्राप्ति के प्रयास करे। सार्थक ज्ञान वह है, जिससे आत्मोद्धार होता है। इस ज्ञान में इंद्रियों के विकारों से बचने के उपाय होते हैं।
- ❖ बुद्धि वह अवलंब है, जिससे सर्वलोक के सर्वकार्य सफल होते हैं, मनुष्य को चाहिए कि वह अपने हर कार्य में बुद्धि का योग करे और सार-असार का भेद जान ले।

उपर्युक्त बीस सूत्री उपदेश समर्थ गुरु रामदास ने केवल अनुसरण हेतु ही नहीं दिए, अपितु उनके स्वयं के आचरण में भी ये सब विशेषताएँ थीं। वे स्वयं इन्हीं आचरण मार्गों के अनुयायी थे।

समर्थ गुरु रामदास ने अपने देशाटन के समय परम पावन, भक्तिमयी एवं सुरम्य ब्रजभूमि में प्रेमपंथ पर एक अनोखी ही बात का अनुभव किया था। इस प्रेमभूमि पर भगवान् श्रीकृष्ण के प्रति जैसा अनन्य भाव उन्होंने ब्रजवासियों में देखा, वह अन्यत्र नहीं देखा। यहाँ सभी कृष्ण प्रेमी गोपी भाव से श्रीकृष्ण की अनन्य भक्ति करते हैं। इस संबंध में समर्थ गुरु को कुछ कृष्ण-भक्तों ने एक रोचक प्रसंग भी सुनाया, जो श्रीकृष्ण की अनन्य भक्त प्रेम दीवानी मीरा से संबंधित था। इसी प्रसंग ने समर्थ गुरु को प्रेरणा दी और वे अपने आराध्य की सेवा दास-भाव से करने लगे।

मीरा से संबंधित उस रोचक प्रसंग का वर्णन भी यहाँ उचित और प्रासंगिक होगा।

पंद्रहवीं शताब्दी में राजस्थान की जौहर भूमि में जनमी प्रेम की साक्षात् मूर्ति मीरा ने बाल्यकाल से ही श्रीकृष्ण-भक्ति में स्वयं को आत्मसात् कर दिया था। जब विवाह के पश्चात् राणा भोजराज की मृत्यु हो गई तो प्रेम दीवानी मीरा ने पूर्ण रूप से स्वयं को श्रीकृष्ण की भक्ति में समर्पित कर

दिया। मीराबाई के देवर राणा रतन सिंह मीरा से वैमनस्य रखते थे और उन्होंने हर संभव प्रयास से मीरा को मारना चाहा; लेकिन श्रीकृष्ण के प्रेम में आकंठ डूबी मीरा का कोई अहित न हुआ।

अंततः अपनी भक्ति में आ रहे व्यवधानों को देखकर मीरा ने राजस्थान छोड़कर अपने आराध्य श्रीकृष्ण की भूमि पर जाने का निर्णय किया। इस प्रकार वे राजस्थान से ब्रज चली आईं।

ब्रज में सदैव से ही संत परिपाटी रही है। अधिकांश कृष्णमार्गी संत यहीं निवास करते हैं। इन्हीं संतों में विट्ठलनाथ नामक एक संत थे, जो स्त्री जाति की परछाईं को भी भक्तिमार्ग की सबसे बड़ी बाधा मानते थे। जब मीरा उनके दर्शनों को पहुँची तो उन्होंने भेंट करने से मना कर दिया। शिष्यों ने कारण बताया तो मीरा ने उनकी कुटी के बंद द्वार पर खड़े होकर जो बात कही, वह भक्ति जगत् के श्रेष्ठ कथनों में से एक है—

"महाराज, मैं तो समझती थी कि समस्त ब्रजभूमि में केवल एक ही पुरुष श्रीकृष्ण हैं, परंतु यहाँ तो दूसरे पुरुष आप भी विराजमान हैं।"

कहते हैं कि तत्काल विट्ठल महाराज अपनी कुटी से बाहर आकर सजल नेत्रों से मीरा से क्षमायाचना करने लगे और फिर वे भी गोपी-भाव से भगवान् श्रीकृष्ण की भक्ति में लीन हो गए।

समर्थ गुरु रामदास ने भी गोपी-भाव की भाँति दास्य-भाव का आश्रय लिया और दास्य-भाव में सात अनिवार्यताओं का वर्णन किया, जिनका वर्णन इस प्रकार है—

दीनता

दीनता दास्य-भाव का प्रधान गुण है। भक्त इस गुण से स्वयं को सबसे बुरा, पापी और मूर्ख मानकर अपने आराध्य को अत्यंत और सार्वकालिक महान् कहता है।

मानमर्षता

दास्य-भाव में मानमर्षता का भी महत्त्वपूर्ण स्थान है। इसमें भक्त अपने

आराध्य के प्रति कठोर भी हो जाता है और यह स्थिति तब आती है, जब भक्त के सर्व-प्रयत्नों से भी आराध्य प्रसन्न नहीं होता। इसे एक प्रकार से शिकायत भरी प्रार्थना भी कहा जा सकता है।

भयदर्शना

इस भाव में भक्त को सदैव यह भय सताता रहता है कि यदि उसने भूल से भी अपने नाम-स्मरण को विस्मृत कर दिया तो उसे घोर यातनाएँ सहनी पड़ेंगी। यह ठीक उसी प्रकार की स्थिति है, जैसे अध्यापक के भय से विद्यार्थी अपना पाठ याद करते समय सोचता है।

भर्त्सना

इस दास्य-भाव में प्रायश्चित्त और प्रार्थना का बोध होता है। इसमें दास अपने बुरे कर्मों पर स्वयं पर कुपित होकर अपनी ही निंदा करने लगता है। वह सोचता है कि मैं कितना मूर्ख, पापी और अज्ञानी हूँ कि जो सुमिरन न कर पाया और संसार के झूठे विषयों में फँसा रहा। क्या मेरा भी उद्धार हो सकता है? मैंने जीवन को निरर्थक बातों में लगाया। मोह, माया और लोभ में लिप्त रहा; ज्ञान एवं भक्ति से विमुख रहा। मुझ जैसा अभागा और कौन होगा!

.आश्वासन

इस भाव में दास स्वयं को घोर अधम, पापी और मूर्ख मानते हुए भी स्वयं को आश्वासन देता है कि करुणामयी श्रीभगवान् निश्चय ही उसका उद्धार करेंगे। वह कृपासिंधु तो अपने भक्तों के गुण-दोष नहीं देखते, शरणागत को शरण देते हैं। अपने मन को इस प्रकार आश्वासन देता हुआ यह दास्य-भाव दीनता आदि भावों का भी आश्रय लेता है।

मनोराज्य

दास्य-भाव का यह गुण अत्यंत मोहक है। इसमें दास अपने स्वामी के सतत दर्शन करते रहकर सुख की निरंतर अनुभूति का आकांक्षी रहता है। इस स्थिति में दास को केवल अपने इष्ट की मनोहारी छवि और उसकी कृपा का

ही अनुभव होता है। भक्त केवल और केवल अपने भगवान् का ही आश्रय लेने की आशा रखता है।

विचारणा

इस दास्य-भाव में दास अपने भगवान् की अनंत, अपार और अद्भुत शक्ति पर विचार कर उसके द्वारा निर्मित सृष्टि की ओर चकित दृष्टि से देखता है। वह अनादि-अनंत की रचनात्मकता का दास होकर स्वयं को पूर्ण रूप से उसी के अर्पण हेतु उद्यत हो जाता है। दास की यह भावना कौतूहल और प्रेम से परिपूर्ण होती है।

इस प्रकार समर्थ गुरु रामदास ने दास्य-भाव को रामभक्ति का आलंब बना दिया। वे नारायण से रामदास बने और फिर राम के दास बनकर पूर्ण दास्य-भाव से उनको ही समर्पित होकर समर्थ रामदास बने।

□

समर्थ का दर्शन

समर्थ गुरु रामदास ने किस मत से प्रेरित होकर अपने विचार रखे, इसकी कोई अधिक आवश्यकता नहीं है; क्योंकि विचार अच्छे हों, हितकारी हों, लोक-कल्याण में सक्षम हों और जीवन की सत्यता का अनुभव करानेवाले हों तो फिर यह विवाद व्यर्थ है कि वे किस मत से प्रेरित हैं।

समर्थ गुरु रामदास ने भी गहन चिंतन, मनन, जिज्ञासा व अनुभवों के मार्ग से ही इतना विस्तृत ज्ञान प्राप्त किया और अपना मार्ग प्रशस्त किया। जैसा कि सभी जानते हैं कि धर्म और दर्शन दो अलग-अलग चीजें हैं। धर्म यदि मार्ग है तो दर्शन उसका मार्गदर्शक है। समर्थ रामदास का दर्शन अति सरल व सुगम्य रहा और यही कारण था कि लोगों ने उनका अधिकाधिक संख्या में अनुसरण किया। दार्शनिक दृष्टि से समर्थ रामदास ने कभी किसी मत विशेष का समर्थन नहीं किया। वे कहीं द्वैतवादी, अद्वैतवादी और कहीं-कहीं तो द्वैताद्वैत के भी समर्थक प्रतीत हुए हैं। अतः दार्शनिक स्तर पर उन्हें एकमतवाला नहीं कहा जा सकता है। यद्यपि अधिकांश रूप में उन्होंने अद्वैतवाद से प्रभावित विचार ही कहे हैं, लेकिन फिर भी, उन्हें सर्वमतवादी कह सकते हैं।

आध्यात्मिक जगत् में सदैव से ही जीव और देह के बारे में भिन्न धर्मों के भिन्न मत रहे हैं। सृष्टि की संरचना में जिन मूल तत्त्वों का योग है, उनके बारे में सबके विचार एकमत नहीं हैं। आत्मा के संबंध में भी मतों में विषमता है।

समर्थ रामदास के दार्शनिक विचारों को तत्त्वों के आधार पर देखते हैं तो पता चलता है कि उन्होंने भी अपने विचारों से अध्यात्म जगत् को एक नई दिशा प्रदान की है। छह मूल तत्त्वों के आधार पर उनके विचारों का अवलोकन इस प्रकार से है—

आत्मा या जीव

परमात्मा आत्मा के रूप में शरीर में व्याप्त है। आत्मा में परमात्मा के तीनों गुण—सत्, चित् और आनंद भी होते हैं। जब आत्मा देह धारण करती है तो उसका प्रमुख लक्ष्य अनंत परमात्मा में समा जाने का होता है। आत्मा ईश्वर का भक्त रूप है और इन दोनों का मिलन ही सार्थकता है। आत्मा निर्गुण, निरंजन और अविनाशी है तथा परमात्मा से कदापि भिन्न नहीं है।

समर्थ रामदास कहते हैं—

सोहं आत्मा स्वानंदधन। अजन्मा तो तूचिं जाण॥
हे चिं साधूचे वचन। सुदृढ़ धरावै॥

अर्थात् आत्मा ही परमात्मा है और यही आनंद-स्वरूप है। यह उत्पन्न नहीं होता, इसलिए इसका नाश नहीं होता। यह पूर्ण रूप से सत्य कथन है और सज्जनों को इसे मानना चाहिए। जिस प्रकार ब्रह्मांड में आकाश है, वैसे ही हृदय में भी है।

शरीर या नरतन

शरीर की महत्ता इसलिए है कि इसके आश्रय के बिना आत्मा के अस्तित्व का अनुभव नहीं किया जा सकता। यह आत्मा के हेतु साधन है, जिसे वह मूल परमात्मा को प्राप्त कर मोक्षी हो जाता है। समर्थ रामदास कहते हैं—

धन्य-धन्य हा नरदेहो, येथील अपूर्वता पाहो॥
जो-जो कीजे परमार्थ लाहो, तो तो पावे सिद्धिते॥

अर्थात् यह नरदेह धन्य है, जो आत्मा को परमात्मा से मिलाने का सेतु बनती है। इसी के माध्यम से इस जगत् में आत्मा परमार्थ आदि ऐसे लोकमंगलकारी

कार्य कर पाती है और आत्मा सिद्ध होकर अपने परमात्मा से जा मिलती है।

इसके अतिरिक्त, समर्थ रामदास ने देह की जीर्णता (नश्वरता) का भी समर्थन किया है और 'उसमें आत्मा के रहने पर भी देह आत्मा नहीं है, कहा है। यह समर्थ रामदास की ही दृष्टि थी, जो एक ओर देह की प्रशंसा करते हैं और दूसरी ओर उसकी क्षण-भंगुरता पर भी चर्चा करते हैं। देखा जाए तो उन्होंने समय के अनुसार ही अपने विचार व्यक्त किए। उन्हें व्यावहारिक स्तर पर देह का महत्त्व सिद्ध करना ही था, क्योंकि तत्कालीन समय में ऐसी आवश्यकता थी।

वैसे भी, आत्मा की नश्वरता के बारे में सभी संतों ने कहा है। अत: समर्थ रामदास का यह दृष्टिकोण भी समाज को एक संदेश देता था और इस संदेश ने आनंदवन भुवन की स्थापना में अत्यंत सहयोग दिया है।

जगत्

अधिकांश मतों ने ब्रह्म को सत्य और जगत् को मिथ्या की संज्ञा दी है। जगत् नाशवान् है और समय पर यह नाश तथा निर्माण की प्रक्रिया से गुजरता रहता है। समर्थ रामदास ने कहा है—

साधु-संत महानुभाव। व्यांचा ऐसाचि अनुभव॥
पंचभूतातीत देव। सृष्टि मिथ्या॥
महजोनि सृष्टि नाशिवंत। जाणति संत महंत॥

अर्थात् सभी साधु-संतों का यही कहना है कि पंच तत्त्वों से बनी यह सृष्टि नश्वर है, असत्य है और उसके भीतर जो ईश्वरीय अंश है, वह सत्य, शाश्वत और अनश्वर है। सृष्टि का नाश हो जाने पर भी वह नष्ट नहीं होता।

समयानुकूल विचार व्यक्त करते हुए समर्थ रामदास यह भी कहते हैं कि हम जिस संसार में रहते हैं, वह सत्य है और इसके सर्व सुख भोगने के लिए हमें स्वाधीनता की आवश्यकता है।

परमात्मा

दार्शनिक दृष्टि से यह तत्त्व ही दर्शन को दो शाखाओं में विभक्त करता

है, जिनमें एक आस्तिक और दूसरी नास्तिक होती है तथा यहीं से मतभेद भी आरंभ होते हैं। वैदिक आस्तिक हैं तो जैन, बौद्ध, चार्वाक आदि दर्शनों में नास्तिकता है। समर्थ रामदास आस्तिक दर्शन का समर्थन करते हुए कहते हैं कि परमात्मा निर्गुण, निराकार और अनंत है। उसके मूल स्वरूप में कैसा भी परिवर्तन संभव नहीं है। वह अतर्क्य है। उसके वर्णन में प्रत्येक शब्दकोश असमर्थ है। उसे न शस्त्रों से काटा जा सकता है, न अग्नि से जलाया जा सकता है और न जल से गलाया जा सकता है। वह सब में होकर भी सबसे अलग है। वह रंगों में होकर भी निरंजन है। वह संसार में लिप्त नहीं होता, लेकिन उससे मुक्त भी नहीं रहता। वह सभी कालों का अधिपति है।

माया

माया भारतीय दर्शन में दो रूपों में जानी जाती है। एक अविद्या माया है, जो विश्व का संचालन करती है और सत्य होकर भी असत्य है। यह जीव को भ्रमित करती है। दूसरी है विद्या माया, जो जीव को आत्मरूप से परिचित कराती है। समर्थ रामदास कहते हैं कि अविद्या देह के सारे कार्य करती है। उसी के कारण मुख से शब्द और आँखों से दृष्टि निकलती है। यह सत्य दिखती है, फिर भी इसे जाना नहीं जाता।

समर्थ रामदास विद्या के बारे में कहते हैं—

"यह माया जीव को भव से पार करानेवाली नौका है। मनुष्य का उद्धार इस माया के आश्रय के बिना संभव नहीं है। अविद्या माया को जान लेना ही विद्या माया है और यही मुक्ति है।"

साधना मार्ग

इस तत्त्व से जीवन अपनी मुक्ति का मार्ग प्रशस्त करता है। इस तत्त्व में अनेक मार्ग हैं। ज्ञानमार्ग, भक्तिमार्ग, योगमार्ग, कर्ममार्ग और प्रेममार्ग आदि अनेक साधन हैं और साधक चाहे जिस मार्ग पर चलकर अपना लक्ष्य प्राप्त कर लेता है। यह आश्वासन भगवान् श्रीकृष्ण ने भी 'गीता' में दिया

है कि जो जिस मार्ग पर मेरी भक्ति करता है, मैं उसे उसी मार्ग पर प्राप्त हो जाता हूँ।

समर्थ रामदास ने भी इसी कृष्ण कथन को आधार बनाकर कहा है—

जैसे जयाचें भजन। तैसाचि देवही आपण॥
म्हणौंन हे अवधे जान। आपणा चिपासीं॥

अर्थात् जो जिस प्रकार से परमात्मा की भक्ति करता है, उसे परमात्मा उसी प्रकार प्राप्त होता है। अतः साधक की इच्छा है कि वह चाहे जिस मार्ग को अपना ले।

इसमें समर्थ रामदास ने भले ही साधक की इच्छा को सर्वोपरि बताया है, लेकिन वे स्वयं ज्ञानमार्ग के उपासक रहे हैं। उन्होंने अपनी वैचारिक क्रांति से जो परिवर्तन कर दिखाया, यह एक संन्यासी के लिए अत्यंत धन्यवाद की बात है।

धर्महित, समाजहित और राष्ट्रहित जैसे बड़े तीन लक्ष्यों को एक साथ लेकर चलना तत्कालीन समय को देखते हुए असंभव ही प्रतीत होता है। मुगल बादशाह औरंगजेब के द्वारा जब भारत के इन हितों का शोषण किया जा रहा था तो उसे कैसे स्वीकार होता कि कोई उसकी सल्तनत में जागृति उत्पन्न करने का साहस करे। अतः समर्थ रामदास ने सोच-समझकर अपना कार्य संपन्न किया।

समर्थ रामदास ने समस्त हितों को एकीकृत किया और एक-दूसरे को पूरक बनाकर लक्ष्य-संधान किया। उन्हें इसमें कितना श्रम करना पड़ा, कितना विरोध सहना पड़ा—यह सब हम पढ़ ही चुके हैं। श्रम और परिवर्तन तो उनके मूलमंत्र थे। फिर भी, उनके आनंदवन भुवन की स्थापना में उनके प्रयत्नों से इतने लोगों ने सहयोग किया, जिनमें से अधिकांश का तो भारतीय इतिहास में नाम भी नहीं होगा। हमें उन लोगों का भी स्मरण करना चाहिए, जो अपने जीवन का त्याग करके, समर्थ रामदास की प्रेरणा पाकर उस महासागर में उतर पड़े, जो एक दुर्दांत शासन के विरुद्ध था। कुछ ने ज्ञान से, कुछ ने दान से और कुछ ने जान से समर्थ रामदास की प्रेरणा से प्राप्त

शुभावसर का ऋण चुकाया।

समर्थ रामदास ने जिस रामदासी संप्रदाय की स्थापना की, उसमें अनेक लोगों ने विश्वास और रुचि दिखाई तथा अपने गुरु के हर आदेश का पालन करते हुए जन-जागृति का कठिन कार्य किया। समर्थ का यह संप्रदाय अपनी स्वतंत्र विचारधारा के साथ जनमा और उसी की उत्तरोत्तर प्रगति के पथ पर बढ़ता रहा। जनमानस में धर्म और राज्य के प्रति आस्था बनाए रखने का कार्य इसने सदैव पूर्ण किया।

रामदासी संप्रदाय ने सदैव समाज को निर्भय, शक्तिशाली और सच्चरित्र बनने की प्रेरणा दी। समर्थ रामदास के शिष्यों, प्रशिष्यों और उनके प्रशिष्यों सहित आज इस संप्रदाय की ग्यारहवीं पीढ़ी भी अपने गुरु के निर्देश, आदेश एवं विचारों का पालन कर समाज के मंगल कार्यों में जुटी हुई है। उनके प्रमुख महंत और प्रमुख शिष्यों को उनके जीवन-चरित्र के लेखन में स्थान देना नीतिसंगत है, अतः उनका भी नामोल्लेख आवश्यक है—

महंत

(1) उद्धव (2) कल्याण (3) दत्तात्रेय
(4) दिवाकर (5) राघव (6) दिनकर
(7) जयराम (8) वामन (9) वेणीमाधव
(10) रामचंद्र (11) गोपाल (12) हनुमान
और (13) बलभीम।

शिष्य

(1) छत्रपति शिवाजी (2) गणेश पंत
(3) प्रह्लाद पंत (4) रामचंद्र नीलकंठ
(5) छत्रपति संभाजी (6) नानाजी पंत
(7) रामकृष्ण (8) विश्वंभर पंत
(9) नारायण पंत (10) रामजी पंत
(11) सबनीस (12) रंगनाथ पंत

(13) कोनेरी पंत और (14) मल्हारी पंत।

शिष्याएँ

(1) चिमणाबाई (2) अंबिकाबाई
(3) द्वारकाबाई (4) नानाबाई
(5) मनाबाई (6) आपाबाई
(7) सखाबाई (8) गंगाबाई
(9) गोदाबाई (10) वेणाबाई और
(11) अन्नपूर्णाबाई।

यह सभी शिष्यमंडली समर्थ रामदास के विचारों को संपूर्ण देश में प्रचारित करते रहे। इनमें महंत गणों का कार्य अधिक रहा। समर्थ रामदास ने भी इन महंतों को ज्ञानाग्नि में तपा-तपाकर इस योग्य बना दिया था कि वे निर्भय, निशंक और एकाग्रचित्त होकर अपने कर्तव्य का पालन कर रहे थे। शिष्यगणों की अपेक्षा महंतों के लिए समर्थ रामदास ने कुछ नियम भी बनाए थे, जिनका उन महंतों ने सदैव पालन भी किया। उन नियमों से इन महंतों की सेवा-भावना और महत्ता का पता चलता है।

महंत के लक्षण और पालनीय नियम

❖ शिक्षित हो और सस्वर पढ़ना जानता हो।
❖ उसका हस्तलेख सुबोध और सुंदर हो।
❖ कथन का अर्थ समझने में निपुण हो।
❖ आमजन की शंकाओं के समाधान में सक्षम हो।
❖ सुनी-सुनाई बात पर विश्वास न करके प्रतीति ज्ञानी हो।
❖ प्रभु की महिमा को लयात्मक गाने में समर्थ हो।
❖ नृत्यकला का ज्ञानी हो।
❖ कीर्तन आदि प्रभु-चर्चा में ताली बजाने में सिद्धहस्त हो।
❖ गूढ़ काव्य की व्याख्या कर सकता हो।
❖ काव्यों का अर्थ समझ ज्ञान प्राप्त कर दूसरों को ज्ञान देना।

- समाज को धर्म और व्यवहार का प्रबोधन करा सके।
- मम और ममत्व से विरक्त रह सके।
- विवेक द्वारा कृत-विकृत का ज्ञान कर सके।
- सबको प्रसन्न रख सके।
- राजनीति से भी परिचित रहे।
- किसी भी प्रकार का लोभ न करे।
- व्यग्र और व्याकुल न रहे।
- समसामयिक विषयों की जानकारी रखता हो।
- सभी प्राणियों में समानता समझता हो।
- प्रभु श्रीराम की नित्य पूजा करना और कराना।

समर्थ रामदास ने अपने शिष्यों, महंतों और अनुयायियों के लिए जो नियम बनाए, उनका सदैव स्वयं भी पालन किया। अनुशासन तो जैसे उनके जीवन का अभिन्न अंग था। उनके कार्यों में अनुशासन की झलक दृष्टिगोचर होती थी और उन्होंने समाज को जाग्रत् करने भी इसी का आश्रय लिया। उन्होंने प्रत्येक व्यक्ति के लिए चारसूत्रीय मंत्र बनाया, जिससे व्यक्ति का सर्वांगीण विकास संभव है। वह चार सूत्रीय मंत्र इस प्रकार है—

1. हरिकथा का निरूपण,
2. राजनीति या राजकार्य,
3. सतत परिश्रम और
4. सतर्कता।

इन्हीं चारों मंत्रों का आश्रय लेकर उन्होंने सुषुप्त हो चुके और अकर्मण्यता से घिरे समाज को झकझोरकर रख दिया। स्वतंत्रता के लिए प्रेरित कर सशस्त्र युद्ध की सीख दी। इस कार्य में उन्हें सफलता भी मिली। एक ऐसे समय में उन्होंने स्वराज्य की स्थापना की,जब देश का पतन लगभग निश्चित हो चुका था।

आज भले ही समर्थ गुरु रामदास हमारे बीच नहीं हैं; लेकिन उनके विचार, आदर्श और कृतकार्यों का अनुसरण करके हम अपने जीवन को

सुखद और शांत कर सकते हैं। आधुनिक युग में भी हमें स्वराज्य की आवश्यकता है और यह स्वराज्य किसी और से लड़ने से नहीं, अपितु स्वयं के कलुषित विचारों से स्वतंत्रता प्राप्त करने से मिल सकेगा। समर्थ गुरु रामदास जैसे महापुरुष अपने सदाचरण की ऐसी सीख, अमूल्य निधि हमें प्रदान कर गए हैं, जिसका यदि हम अपने जीवन में मनोयोग से उपयोग करें तो सर्वसुख-संपन्न समाज की कल्पना साकार हो सकती है।

□□□